明清科考墨卷集

第三十七冊

卷一〇九
卷一一〇
卷一一一

林祖藻 主編

蘭臺出版社

第三十七册　卷一〇九

王者之民

黃其植

進恩王民若有不同于霸者矣夫猶是民也何以別為王者之民乎夫亦大異于霸者而後見爾且自霸術興而王道無聞遂至盛世之羣黎不復覩于今日良有借也故我屋今之世遙憶聖主所馭之民而竊恨不得並生于其際耳如霸者之民國雖寞如也釜鍾宴絲于民情其氣象亦遽然迥異也乃羣焉執處于其下烏知應運而興有膺宗子之任以父母于斯民感懷雖遍于閭閻其風俗亦遽爾類殊也乃翕然承流于其中焉知光德四方有為君師之成以順則于我王吾于是不禁深思于王者且不禁深思于王者之民彼紹精一之傳者大禹也夫大禹非屹然王者乎遠萬世平成之烈曷嘗以邀結斯民計乎然想視其國有無負于大禹無愧為大禹之民則倏成前朝矣使我為之恍然而遐思倫聖敬之德者成湯也夫成湯非儼然

在乎建萬邦表正之歡何嘗有示惠兆民意乎然顧瞻其民固有所得于成湯無
歟為成湯之民而今則直成古風矣使我為之華然而高望且丕顯丕承于謨烈者文
武也夫文武非赫赫然王者乎開八百經營締造之業何嘗有驚世駭俗之舉乎然曠
觀其民固有大服于文武無失為文武之民而今則邈成異代矣使我為之悠然而
遠志嗟嗟三代不復作矣安有王者乎不有王者安有王者之民乎我今者思王者
如見王者也思王者之民如見王者之民也民乎何幸而生于三代之中見治于禹
湯文武而稱為王者之民耶抑何不幸而生于三代之下不見治于禹湯文武而不
稱為王者之民乎王者之民殆皡皡如也

8 王者之民 同流

王道同於天地於民可想見焉蓋不怨不庸不知民之於天地也固皞皞如也則君子化神之流將無同嘗謂域中有三大權曰天曰地曰君而吾謂苟王者起非有三也一而已矣蓋天地無心而成化聖人有心而無為其化馳若神殆與霸者易民而治焉今夫王者固[illegible]成輔相天地之道以左右民之君子也其傳之後世尚有政刑禮樂之文而待其下流詎無沐浴詠歌之迹而吾心竊怪其民抑何竟皞皞然莫之怨莫之庸莫之知若是豈王者不殺一民不利一民天下民以為治耶夫使不殺一民不利一民不害一民而[illegible]

為天地老不必鼓之以雷霆潤之以風雨運之以四時
腐壞而不能自持尚安能以育萬物而乃知君子非不教也者
民胥化於殺之之神也蓋去暴除殘亦因之天地所不容者殺之而
已矣而不怨者皞皞如也非不利也利之而民胥化于利之之神也
蓋斂粟水火亦因夫天地所自有者利之而已矣而不庸者皞皞如
也非不善也善之而民胥化於善之之神也蓋博典庸禮亦因夫天
地所自賦者善之而已矣而不知者皞皞如也天地以兩故化而化
子於民如之盡君子本自有化而裁之之妙而以成之化自致物之化無俟於
久道之成也一過焉而上與下皆如此也天地以一故神而神於

民如之蓋君子衆創有神而明之之幾而以我之神遇民之神化無

煩於道徽之設也一存焉而上與下皆如此也故謂其奉無私以治

而君子不居即謂其僅成位乎中而君子不受其教之利之養之者

依然春生秋肅之令而不怨不庸不知儀若戴高履厚之常其識之

不息也其合同而化也矣而或以王霸同類而並稱之彼霸者之民

亦能皞皞如也耶

天下信之　強也　王邁

不能信於天下者、適來天下之畏矣、夫湯惟為天下信、故望其至而悅之耳、彼齊之畏於天下也、視湯為何如、且為人主者莫難於得天下之心、又莫患乎生天下之心、得天下之心者則相為愛慕而欣欣乎弗能已、生天下之心者則相為猜忌而眈眈焉弗敢忘矣、竊思湯征自葛、豈嘗席寵勝之餘挾萬乘之勢以雄視乎天下而使天下畏其強哉、一旦烈烈之師起焉而遠近歸心徧於東西南北、若是者何也、信之之也、其初也憫葛之不祀而欲奪其宗祧、其繼也痛葛之仇餉而何貪於重賂於天下、天下父兄子弟奔走偕來以信之之甚迫而為

怨焉以然之〻甚彌形其悅焉蓋水濡火烈之際忽焉慶民命之蘇
而壺漿簞食之迎果有以慰民情之望此湯之能以七十里為政〻
彰信於天下者也且今之燕亦何嘗不信王哉待極之情亦若大旱
之望雲霓也者迎師之衆一似時雨之將降也者吾意王於此必如
湯之誅其君而弔其民使燕之耕者歌於野市者舞於塗皆信吾王
之有非有他焉而孰知殺者係累者之紛〻乎前此湯未有也而孰
知毀者遷者之擾〻乎前此湯未有也由是燕民之信王遂不能如
當日天下之信湯矣而王始不能服燕而王始不能不畏天下而王
始不能不以畏天下之故因并畏天下之畏王夫天下畏之固不如

天下信之也而畏天下者由無以信天下也一信一畏而國成莫大之業國成搆禍之端則湯仁而王不仁取王速敗之分爲信而生失其強也

上節字面多在下節點出下節字面多在上節點出虛實變化宛轉瀠洄極得前輩運掉之巧不專以把住首尾爲能事也

天下歸仁焉

惟仁為天下之公理、斯歸仁為天下之公心也、夫名莫美於仁而歸仁莫大於天下、天下仁之欽如是、是豈易致哉、將舉天下之大天下之人之衆皆有所深信乎我而交推乎我、此亦不可必得之美矣、乃何以有一事焉、未嘗有所告語而卒我信且不憚極口以交推、津津然徧天下如一轍也、此事也何事也、則以吾能克復于一日耳、性命精微之理、身其事者間自貴身而天下何知、知而聲身氣未必相孚、轉覺性情之不屬、依空潛修之故同乎我者、惟許一二而雖然推之天下品類既已不齊、未免好惡之各

殊此而曰天　抑仁豈可強已　不知天下〻惟一心可通耳人同此心〻同
〻此仁而今已存〻不見得也天下即不慕乎我有不慕乎我之仁哉夫世
情無遠小善或竭以見稱純修反生其苛取我此時天懷淡遠耳若非
欲招名此以知隆稱之無與我事也然而歸矣以心感心而起視天下
有不介而孚者矣抑天下一積情之區耳仁具于性〻發于情而今乃為
我独得也天下即不服乎我有不服乎能仁之我哉夫世情多刻欲
予之以其名必先責之以其實〻我此時独居一室危微岂一持贈此
以知美譽之所諸當世也然而歸矣以情召情而天下　大有不嫉而

馳者矣吾乃知歸仁之易也不必謂仁道難成徒為小間所〻以〻行要結
之術也吾仁有以致之矣而亦有難焉者天下非不欲睠而稱〻而在我
明不能察幾健不能致決則心德有虧彼其心實雖相奉給耳吾又
知歸仁之速也不必謂仁脩既至揆懸德成謗譽必俟傳聞于異日也
吾仁不啻招之矣而亦有遲焉者我非不欲作而致之而天下見我之
人心未退道心亦漓則觀感不深將令名亦無能驟強耳學者觀歸
仁之效以決為　幾由己不由人淵也宜加意焉

天之生此民也

先聖明天之生民若有不能已于民者焉夫民固天之所生也乃尹之言如此豈非不能已于民哉且吾人以樂道之志轉而為用世之懷寧獨為一身計哉實為天民計也蓋軫恤有懷貴施情于兆庶而編氓所在寔有係于維皇雖未進言其治民之具即此昊天所命已足動吾之念慮不忘耳如我之堯舜君民而欲親見之者果何以啟草茅自命早已啟康濟之猷而要我之自命誠以於穆付託之責有不容辭也則安得不進思夫天夙昔有懷早已備經綸之　要我之

岐雜

峽雜

誠以降監責備之功有不容諉也則安能不進念夫天
於民果如乎蓋以此民者寔天生之云爾庶類紛紜何
本羅綏之所命吾即不念于民奚敢不念于天故以民為不
屬于天而民或可忽以天為實係于民而民更何可忽雖天
之生此民固有所以理此民者在也而第思兆庶之所生皆
天心之所係腨林總之繁繁愈以切臨汝之赫赫者耳羣倫
浩衍何一不由陟降之所統吾即不計于民奚能不計于天
故以民自為民而天自為天而民或可忘以民屬于天而天
屬矣而民更何可忘雖天之生以民心毛治在

思億兆之所生皆皇天之所望益以
見帝德之式臨者耳或謂民亦有聖凡之異安得盡歸之於
天不知聖之克全乎天者固為天之所生即凡之未克全乎
天者亦無非天之所生聖凡不同而天之生則同也獨是天
之生此民必有生其不負此民之人也居其責者惡庸漫焉
以置之哉抑謂民亦有智愚之別安得盡之於天不齊之
得天之厚者固天之所生而愚之受天之薄者亦無非天之
所生智愚不同天之生至同也獨是天之生此民必
不虛所生之人受其職者何可忽焉以圖之哉進思使之知

先覺以覺後知後矣之生予豈苟乎

順題布置到末比志見隱

此

天之所覆地之所載

王汝驤

極聲名於天地非虛擬其境也（有兩所字在）蓋覆載者天地而有所覆所載者存苟聲名一有不被徒大言之何當乎○今夫六合之外聖人存而不論○六合之内聖人論而不議○則言化功者而輒爲極天蟠地之談○豈君子之所尙哉○然吾言至聖之聲名而曰舟車所至夫舟車之不能至者尙多矣○而以所至畢焉○是其至也○（借上文跌入）舟車至之也○（作欵）而非聲名至之也（虛襯語勿泥）曰人力所通○夫人力之不能通者何限矣○而以所通止焉○是其通也○人力通之也○而非聖德通之也○然則言至聖者非極之天地不可矣○（先出天地）今夫天○（次出覆載兩所字）仰觀而是耳一思乎其覆則雖巧歷不

能竟其區今夫地道里可計耳一思乎其載則雖方輿不能究其域一然而務寥廓之觀者非所以為徵實之論涉怪迂之旨者非所以為考德之精故言天非徒以其覆也有所覆者也覆以氣舉而所覆於其下者極包羅函蓋之所底其靈蠢之不齊雖天有不能制其命者矣言地非徒以其載也有所載者在也載以形積而所載於上者盡東西朔南之所窮其馴頑之萬變雖地有不能司其化者矣故聖人之世有占風候氣重譯而來王者不勝其族類之懸殊自天視之則皆其所覆也而所覆者且何有於是有航海梯山猶循聲而受吏者不勝其疆宇之迥絕自地觀之則皆其所

載也而所載者又安測其餘然則語至聖而極之天地敢以天爲曠渺之境哉實稽之天之所覆（何等明切）而撫我虐我之能明幽遐一户牖已敢以地爲深阻之區哉實按之地之所載而聖作物睹之以類絶漠猶畿甸已何也所載覆所載皆自其有血氣者言之耳而日月霜露又何異乎

兩所字作如是解脚踏實地變化自生空作恢張焉得不窘　自記

天地覆載人見以爲實却是虛兩所字人見以爲虛却是實篇中眼注凡有血氣句坐實所字題字層層剔醒成此盈天蓋地之文却只是覷破題閒直以一机鼓盪而出若一味遲才作六合賦與題之來蹤去脉何涉

天地位焉

曹一士

有所以位天地者、而天命不虛矣、蓋天之所以為命者、即其所以能位也、有以位之、庶無忝乎其命哉、且人但知降衷之始。天地有為功于人之理。而不知受中以來。人實有成能于天地之事。自人之狹小其心。而以天地為外。吾心為內。而天地之于我、且漠不相屬焉。豈能盡一中之神化哉。吾思天地無心者也。而凡有心者。即其心陰陽動靜之原。悉渾涵于沖漠無朕之內。而不自有其心者天地之所以大也。天地之心無倚者也。故凡有心者。皆可感平陂往復之理。默流通于寂然不動之時。而不自隔其心者。天地之所

發揮註意獨見其精

以神也蓋合天地之定位久矣而必有所以位焉者是在致中之

樹義閎深

君子位有其始事則清寧者是從古無失道之天地惟人以不中

之心出而擾之而天地之清寧旋改其故焉本搖則枝亦傷也君

精理為名論

予既清寧之心方且引天地而近之而無異于其以清以寧之體

則不以吾心累天地而天地復何所改焉夫然而清者常清寧者

常寧矣位有其終事則平成者是終古此受裁之天地惟人以不

中之心起而持之而天地之平成遂違其分焉本亂則末難治也

君子能成能平之心方且渾天地而一之而無閒于其可成可平

之實則但以吾心帥天地而天地復何所違焉夫然而成者終成

平者終平矣。王者侈陳符瑞。而不歸夙夜之粹精。則雖膏露降醴。（大言皇皇）
泉出而無解于天地之不位者。飾其文也。中之未至。則小補不足以
為功。所以參兩之業。外乎立命而已。誣聖人躬值屯蒙。而彌凜中
懷之戒懼。則雖八年水九年旱。而無傷于天地之已位者。握其樞（警湛畢泉詩旻圓）
也。中之既致。則大災不足以為變。所以乾坤之設定。以恒性而不
毀。若夫儒者齊居一室。而出王自適其常。為政一家。而上下各安（整段補出一層尤圓足）
其所。其因心建極。而緣分盡道者。惟此立靜之學。而位天地之太
效。恒必由之。人可不務致中以答天之命乎哉。

語亦確有精義。不謂堅而又光。簡而能括。杜元凱云言高則旨遠。辭
約則義微。此類當之矣。

天與之天與　天與之

以與而斷自天、復援天而信其與、爲蓋天不以命爲與、而以示爲與、故神享事治、而益見天之所以與舜耶、自古奸雄之得志也○每藉口于天意之攸歸○不知○天雖○冥冥○無據○祇以得○于天者○可斷○天授之隆○然○天亦○非○繆繆○難○憑○觀○其○受○于天○者○益○信○天申○之眷○章以孰與爲問章蓋未詳舜之事○而知其爲天與之也○而孟子于是徵眷顧之由○決保佑之屬○而直斷之曰天與之也○且夫天與之者○豈必諄諄然命之哉○天與人以天下○亦惟即其人之身○而亦以與之之意○天與人以天下○亦惟借能與之人○而爲之假其權也○且天與人以天下○亦惟令乎

幽明通乎徼驗皆使之有其與之象而斯凡為天之與也藉非然者舜
歷山中人也其行與事亦無足舉而何以類乎上帝禋乎六宗遍乎
羣神乎蓋克使之主祭而百神享之者也夫至不可知者鬼神而天
受堯之薦其主祭如此則主事可知其百神之享如此則百姓之安
可知而不盖恍然乎受為天與哉何則天子之第能薦人而不能與人亦
猶諸侯之不能與為諸侯大夫之不能與為大夫也章何必鰓鰓然
而有疑哉

夫子之牆　節

吳華孫

聖道高深，非為淺見有知也。夫數仞之牆，至高深也，不入其門，則美富難見矣，何疑於全道哉？子貢意謂聖人脩修在於庸行庸言，而人無不可見也。而聖人造詣極之彌高彌深，又而人無一可見也。賜即宮牆譬之，夫子。夫子之宮不可知，知夫子之牆，而可於夫子矣。憲章未已，繼以祖述，祖述未已，繼以律襲，襲乎層累而日升者，巍然若天之崇，崇猶不足，繼以綏來。綏來不足，加以動，和乎淵積而日深者，儼然積淵之室。勸善夫子之牆數仞矣，吾由牆而觀乎宮。道德純粹，輝映于俎豆之旁；威儀文章，儼似于圭璋之望，何其美也。吾由牆之高而想乎宮之廟，計其禮樂集辟之成，車服以彰，備百王之典物，何其富也。然而宮之外有牆之牆高矣，室廣矣，而得其門而入矣。夫不登其堂者，不足以歎其奧者，不足以發其光也。試觀宗廟之中，凡以言焉奧者矣。濟濟蹌蹌者，其堂上堂下臚列而有者，皆凡常物也，其莘莘而然哉。皆印累累而後若若也。論其美美莫禾禾也，論其富富莫備焉，無他，登其堂而後知，親其奧而後見也。今夫子室中之臚見出之區，異乎是者，乾而道深也。吾者愈深愈高，則識者愈卑，是猶牆以外不知度夏商周之法物也，門以外不知宗廟之趣蹌也。當其時，計惟見循牆而去，望其門而嗟歎已耳。其孰從而見之，又孰從而知之，是以賜瞻夫子之門牆，而不覺其高山仰止止思也。

整密之中
風神充注
望諸詩
揮灑之極
則今日能也

蕭疑原密，錯綜相間，其于吉昔去韵飛舞，帶以墨氣。

夫子欲寡　一句

鄧以讚

觀大夫省愆之心、而賢可知矣、夫人惟不自知過之患也、欲寡過而常若未能、可不謂賢乎、使者之意、曰君子之交。所以最相繫者。不在離合之跡。而在道誼之真。此夫子何爲之問。所爲惓惓也。小人事夫子有日矣。敢對以所知（承爲字虛寫題意）。夫子非無所爲也、夫子非別有所爲、也。但以過者。心之違也。本非其心。而不可（欲寡）使有。惟是過者（流水法）。幾之微也。雖非其心。而不（未能）能遂無其（別出寡字）上無過。此天之常定者也。夫子不逮此也。兢惕于淵默（曰字用代法）。亦曰庶几其寡之。而不能必其幾微之常密則其所不快于心者也。其次改過。此過而後悔者也。夫子（亦）不至此也。戒慎于隱微。亦曰庶几其寡之。而不能必其恍惚之不疎。則其所不慊于中者矣。（欲寡未能兩意双起）常致嚴于心思。而猶或有越思。盖亦余閒之夫（推原法）子。非必沉溺之為害也。即精神意氣之閒。一有所向。皆清明之累（翻進一層法）也。是以未能也。嘗致詳于躬行。而猶或有修行。盖余閒之夫子。非必。邪僻之為害也。即視聽食息之閒。一有所倚。皆虛靈之蔽也。是以。未能也。要其視過也。期于必寡也。其心無窮。故常見其欲寡。（順說）而亦。常見其未能。抑其未能也。期于必能也。其心無已。故常見其未（逆說）能。而亦常見其欲寡。一朝一夕之閒。皆反躬克己之務。方寸之際。亦臨深履薄之真。其小人之所能知。如是而已。倘惠顧前好。而加之以訓辭。有其道可以寡之斯寡者。夫子雖不敏。敢不敬承之。

沉痛題卻又須作此命体非文潔公不能

前四股以不可使有陪起不能遂無此兩比一開一合法以無過悔過陪起寡過此一比內自為開合法後四比非必沉溺非必邪僻此是翻進一層法欲寡而常未能而常欲寡此是回環法朝夕之間二比收束上意　陸稼書

批中錯寫漏寫甚多難憑

夫公明高以孝子之心為不若是恝

孝子心無所恝，可代古人推其意焉。夫恝非孝子之心也，明其不若是，而公明高之論辭，不以代推而見乎？嘗思子之於親，其不相離者，惟此心耳，而在孝子為尤甚。雖然，天下至不可知者孝子之心也，不可知而無以知之，無為貴尚論矣。乃古人知其意而不發其奧，後人聊共意而代推其隱，則孝子之有懷莫罄者，庶幾遇之千載以下。知此者可與論孝矣。夫舜固孝子之至，高何以不為想言之辭，固心乎孝子之心者也，高何以不為想白之？蓋亦見夫孝子之發境倍難于尋常，而孝子之處心卑越于儕。今觀其于田號泣若是，是必有所繫于衷而為是殷殷，殷殷是尤有所歷于懷而為是切切也。此意誰則知之？夫士君子曠觀千古之識，當今昔人未之一喻，自我而開境，而況孝子如舜，其心乎父母者，性更篤也，情無已也，顧可責其淫淡不歎說，則高且代高而推孝子，境無順逆，而一入孝子之心，可以順，可以逆，並可以使逆為順，而一于對乎順僭合祇儆際下惟是順者恝，因吾情而補逆之迹，不啻風外置之是恝

卿希

御齋

中非翁知之心也豈無論常變耶一個孝子之心可以常可以變兼可以處變者祇
然後于常稽今昔順逆而惟是常者克持吾性不變故之道不虛淡漠視之疑怨之
非孝子之心也而孝子之心何如哉天下漠不相關之念可以施他人而不可以施
門內孝子知門內之深恩有難懟盡故此中悲憫之懷並爲父母所不忍在道於
論孝子者幾疑哀號未休之見當我若是之難恐乎而吾所爲信曰不其然天下淵
不相關之情可以待他人而不可以待我世孝子念至性之劬勞無容怨視故此中
憂慼之致爲何所不容緩在昔於號孝子者幾疑克諧來彰之光容或若是之
奪情乎而吾則爲斷曰不共戴天公高以孝子之心爲不若是恝是責和孝子爲之
在孝子和不能以爲孝而善傳孝子苟得其言之隱愧覺歷山之心事如昨在孝子
亦幾忘其爲孝而若論孝子者觀其承歡之豪況覺夙夜之悲慼獨深試進而詳其
故

起得洒脫
呈推廣神□

夫公明高以孝子之心為不若是恝

孝子有不已之情推古人之意而如見焉夫使舜若是恝而何以號
泣如斯也公明高可謂知舜矣孟子所為代推之耳嘗謂人窮則呼
天而未嘗不呼父母也乃至呼父母而不得盡舉而寓之呼天則其
于親有惓切而情為無已此其意孝子不自言而古人知之古人不
明言而吾即以推古人之意而如見之矣如公明高以長息為不知
是其必獨知于孝子之心也夫在孝子亦不自知其何以號而何以泣
也曾公明高而遂足以知之乎雖然凡人有所求而不得則哀心生
乃至綢繆悱惻無所聊賴而揮一涕以號呼此必有耿耿于心者也
凡人有所圖而未遂則思心起乃至纏綿繾綣無可奈何而援是天

在辰塵稿中

以長號解此必有介介于懷者也如是而孝子之心公明高固有以知之矣家庭豫順之情既不可得是親之于我已矣俯仰躊躇舜其亦致歎于莫何乎然而怨矣怨固孝子所不敢也故雖假天自鳴日抱其鬱勃之情以相求相望而舜之欲致之親者愈難已而寧敢一日釋歎父子天倫之樂既無所期是我之于親已矣獨往獨來舜其亦坐誘於耕策乎然而怨矣怨固孝子所不忍也故雖引天訴泣日出其幽情之思以自痛自思而舜之欲伸之已者愈難忘而寧敢一息緩歎故人或以舜之號泣為舜之情有過激不以罪之已而以誘之天安從以見其明發永懷之意而高則以舜之號泣政舜之心有獨迫不為和而順而為泣而哀訴以竭其方忍不置之衷蓋人生樂事半在

用間周亦
此旨不覺從

渾渾毖蔡

之旨

庭幃何以人見為樂也而舜則尚罹其憂既不能使有樂而無憂而但期憂者轉而為樂不得已而號泣以自明孝子之心固昭然而共見也而公明高已早見之矣父子之倫本屬天性乃何以天之待人者若常而天之待舜也若變既不能有常而無變而但期變者反而為常不得已而號泣以自明孝子之心固顯然而可喻也而公明高已早喻之矣吾是以推公明高之意而即以共得乎孝子之心也

說孝子之心十分懇摯仍不失推原公明高神吻和闔之妙

平淡細觀之有本昔文品高潔可貴

夫民今而後

查繼培

民情有可原、而徒咎之今也、夫有司誠不思其有今日也、而今已預
料之矣、而今而後、爾有司尚莫告耶、今試纖人之命而責之曰昌感
我喜我于情安乎天難欺而民易虐勿謂民愚亦曉二而有辭矣引
曾子之戒出爾反爾者覩之上殘下慈寧自今日始哉雖然全有司
安甯尊崇考終牖下全吾恤睦鄰親好嚮無可乘民即怒有司恐有
司亦無可奈何耳不謂人衛之以心天假之以會乃有今日也王事
多難天征不從豈復有憐于三十三人之眾一旦暴骨沙磔者哉民
則怡然曰草野知有此日久矣此日者轍亂旗靡士罷且壓上矣聘
而左右何也曰烏獸散矣卑潰氣有必死乎曰未可知也鼓衰力曰

矣盡絃絕死淚不能復生矣民有見而嘆者民有聞而疑者其信
耶其傳之非其真耶信也以達官之咸福而羅于災乎以巧吏之知
能不克保其身乎未可以為信也傳之失其真也與尸之憐郊次之
哭何為而偏吾國也嗟呼其信然矣達官之咸福而羅于災矣巧式
之智能不克保其身矣所胥命者誠難測而數者誠難惟矣所謂畫
者不可享而責者不可恃矣倉廩無善耶府庫無善耶有司能料生
不能料死耶風雨無鄉鷄恂場處一代衣冠竟淪若漳其觀友相與
嘻于野其妻子相與訴于朝而民獨曰否吾記某邑某家某有司破
其家某村某戶某有司絕某戶而今某有司死于穴某有司死于戈
某有司死于車脫不奔某有司死于驂絓不能退何也我夫死我兄

死焉今有司亦死焉倘彊場勝負之形修禮尚往來之節古之怨而
而以直報者其在斯民與其在斯民與

夫焉有所倚

王者輔

不倚物而能自裕，惟誠至故用神也。蓋有所倚者，必其誠有未至也。至誠矣，而盡倫盡性至命，有一不出于自然乎？中庸統贊之意，謂大道不矜逸獲之名，君子尤重反身之學，則恃擬議以成變化，當亦人之未可厚非者矣。顧果確無難能事，固不妨于積漸，而性委獨異功修，實無待于借資，則至誠之經綸立本知化，可得而想見焉。天與人合協其宜，盡利盡神，原未相安于淡漠，然一實萬分，而機緘不測，則離化裁通變，要止行其無事之當，混與闢莫窮其妙，可久可大，豈其心任以無爲，然一神兩化，而默運無端，則雖參

仮錯綜無非動合然之用而如曰有所倚也至誠豈其然哉智
足以圖天下之幾而智以廓也才足以成天下之務而才以大也
至誠渾乎才智之原而以無偽者自致之彝倫正而秩敘者不
勞性體敦而培養者不淬天心見而潛乎默契者無形幾微故出
神應故妙夫焉有極誠無偽而功能猶俟于修為者思足以通天
下之故而不恃思也勉足以赴天下之功而不恃勉也至誠直泯
乎思勉之迹而以無妄者自成之未嘗無惇庸而無矯拂未嘗無
存養而無作為未嘗無彰往察來而無推測無欲故靜有主則虛
夫焉有真實無妄而成能猶需于憑藉者況其能苟有倚于人必

其天有所不足氣昏于神發而質薄于形生夫然後以復執之功進而補維皇之缺若夫誠不已足于天乎無雜乎陰陽之純無迹者太虛之運故日新富有無思而無不通且其能苟有倚于學必其性有所未全心牿于己私而識滯于物感夫然後以後起之力進而爭造化之權若至誠不已全于性乎無累者默成之德無為者易簡之功故藏用顯仁不習而無不利是知詣未臻于純粹斯殫精畢慮不無作致之情而行已進乎從容則德盛化神自絕恃循之迹至誠之功用有如此而心體不又可想見乎

其皆醇也而移時甚、夫惟大雅卓爾不群 原批

無倚從至誠内飫也。乃得語無泛設也。理粹辭醇。氣昌力厚。宴
滋家應奉此爲對病之樂。

夫焉有

王

夫微之顯 一節

蔡長淳

原鬼神之盛、一誠之所爲也、夫合微顯而極於不可揜、所謂盛也、而皆出於一誠然則道安有不實乎中庸於此發其端也謂夫自（頭角崢嶸落筆已自不同矣）天地以其无妄之理流行於兩間而鬼神始以有覺之機充周於宇宙鬼神之盛即道之費也道之費者不可解而鬼神之盛者固可推也夫鬼神彿見彿聞微矣乃體乎物而顯不可揜如此ゝ將（虛轉上下句補理）以爲無無而非淪於無也將以爲有有而非滯於有也夫何以造端者（心手皆渾意象入化）無始而歸化者無終顯著於乾坤之內如此乎以爲一氣而一而能神也以爲二氣而兩而能化也夫何以變動者不居而周流者

無間顯運於闔闢之交如此乎吾即其杳渺冥漠之地默會其由
微達顯之原且即其洋溢彌綸之機深察其無顯非微之故夫亦
曰誠而已矣誠為之通而鬼神以伸誠為之復而鬼神以屈一伸一
屈鬼神實有不得已於中者蓋一實萬分此理流貫於古今而鬼
神之洩其機焉精氣爲物一乾道之各正性命而已矣誠爲之合
而鬼即造神以來誠爲之散而神即化鬼以往一來一往鬼神亦
有不知其所以然者蓋五殊二實此道昭著於天壤而鬼神悉露
其蘊焉游魂爲變一太極之互爲其根而已矣所以動靜無端而
誠即其無端之端也實有是理而後實有是氣實有是氣而無非

實有是理故明則有禮樂而幽則有鬼神體用一原而誠即其一原之原也既有其理而即必立其形既有其形而適以載其理故

積系不掩

形色皆天性而呼吸盡鬼神此真可以觀誠矣誠為造化之樞紐

老練至矣

說理清澈之地起情恰在箇中至詞淋漓盡致

其即天命之性乎誠為品彙之根柢其即率性之道乎誠不可揜則道不可離吾是以不禁恍然曰鬼神之微者誠也顯者誠也微之顯而不可揜者無非誠也如此夫如此夫

余遠儒先生評錦故說理精實兼又從說詩話相兼鳶飛魚躍之趣

不在其位　一節　錢世熹

戒出位之謀所以一政也蓋禁其謀於位外乃可收其謀於位中不然將如政權不一何夫子慮越分侵官者之貽患也故為之戒曰國家所以少任事之人以議事之人多也而議事之人多者以一事而事內之人議之事外之人又議之也且一事而事內之人未議之而事外之人先代議之也此在國體為不尊而在人心為不靜患有不可勝言者吾思先王任天下之官則有位立天下之位則有政出天下之政則有謀政也者所課於下之職業也然天下之人非不勤職業之患而不自勤職業之患不自勤職業因以

老辣踈快

不勤矣謀也者所取於下之心思也然天下之人非不殫心思之患而不各殫心思之患不各殫心思因以不殫矣蓋不在其位則不謀其政有斷然者在其位則位中之情形俱得而悉之矣情形俱得而悉斯利害俱得而籌若未悉其情形而代籌其利害其利害果不遺焉否也即籌之不遺矣而一則軼於分外一則歉於分中不兩失乎（豈害到底无不離窮之義）於内夫其可訓乎在其位則位中之功罪俱得而任之矣功罪俱得而任[illegible]是非俱得而詳若未任其功罪而代詳其是非其是非果不謬[illegible]也即詳之不謬矣而一則舍己而圖人一則誘人[illegible]徇己不兩贖乎夫兩贖其可行乎雖曰政貴其相成

弗貴其相左也。然聞其相戕也。未聞其相假也。倘相假而不禁焉。將

謀。其當謀亦謀。其不當謀。謀。其弊也。游士挾策於侯門。庶人進書於

闕下。吾恐醸辯言之者。必此矣。雖曰政取其相諮。無取其相蒙。

然聞其相諮也。不聞其相侵也。倘相侵而不已焉。將公者以公謀。

私者亦以私謀。其弊也。布衣抗論於公卿。名流觸諱於當路。吾恐

開清議之禍者。必此也矣。則何如不謀者之所全大哉。

筆亦勁快俊爽深厚之氣能看準處直入題緊處亦直入

不有博奕者乎　　馬世俊

以小技以觀亦既有其事矣夫博奕之事豈足論乎乃因儆不用心者而及之是豈無說以處此夫子若曰天下之事無一不生於心故人能自有其心雖事之最有用者不必援以相考也人不能自有其心雖事之最無用者不妨借以相觀也彼無所用心者而吾嘆其難

（題前襯托不有二字妙能處決博奕）

將與之靜究身心而畀以常勝之術安能強玩愒之志而使自處于局中將與之旁參世變而悚以欲敗之機安能振委靡之形而洽之自

（再襯一層）（順點并點）

予以成算先哲之格言其無望于觀德矣不有舍德而程藝者乎藝

（襯憐夾抑何風雅）

之為類亦多端而博奕其至微者也既不若歌詩舞象可以討成運

又不若枉矢哨壺可以娛嘉客而列其名于不廢哉或以爲玩物喪（緊接下文）志之戒云爾古聖之遺矩其無望于考道矣不有致道而論技者乎（佳得妙）技之奏能亦不一而博奕其最下者也既不若方名計數教之于七年之餘又不若執策樂弧載之于六藝之目而存其事於不禁者或以爲約匪彝之儆云爾傳較蠡紕奕爭後先有其工必有其拙而（妙手靈活）工者豈果無意以捷獲拙者豈果斂手以讓人吾甚惜其有用之（唐突佳語氣最合）（再用反撥有力）居諸而僅寄之于博奕也然獨不曰有其誇工者乎即有其懲拙者博之智多而莫加五塞奕之術變而不過一枰有其勝必有其負而勝者必非倖中于偶然負者必非坐誘于無策吾甚惜其以有用

之慧巧而僅見之于博弈也然獨不曰有其好勝者乎即有其恐負
洽乎前人之心後人得而用之而博弈遂傳于百世二人之心兩人
分而用之而博弈遂判于目前以視無所用心者則何如耶

逆点折点

妙語亦何感宜歎

不有者乎虛字也然氣中有訊請有責備有愧激可以促力發
揮是虛字又實字也博弈實字也然說如何博弈博弈如何用心便
易侵下地矣此實字又虛也虛實之理寧有常乎此文縮脚處
極自然極洽合于先民法矩不失尺寸　呂晚村
實講博弈之用心便易占下包宜堅文吐屬雖雅不免此病作者
寫博弈純用襯筆虛筆且以反筆撲起下意毫不侵占作法最佳

不有者乎亦處處得神○須知未嘗不從愽奕着筆但用筆善變化耳若空描不有又成油滑腔子○不有二字前在股頭順點後在股末遂點前用兩字並點後用兩字折點亦見手法之變

不怒而民威於鈇鉞

黃汝亨

君子嚴於德而威民深矣夫君子不令人畏也不怒之威其嚴乎此靡爭之化也中庸引詩而形容之以為人世皆知有形之威而不知無形之威故飾怒而威不立作威而民不懲所為淳德漓而化爭淺也吾讀無言靡爭之詩而穆然知君子之化民不賞而勸也亦不怒而威焉吾有心也惕志意於內省之嚴者喜怒之所不得飾民亦有心也肅聽視於不見之圖者鈇鉞之所不得加不動而敬〻之極也惺〻一念我無敢慢而攝(透宗語)天下於無敢慢之中大畏民志飾保臨之矣不言而信〻之真也肫〻一念我無敢欺而

攝天下於無斁敵之內明德惟可上帝鑒之矣盍怒之肅斯民也以情君子不怒而以至和出肅齋戒以神明其德性之所軌非情之所使也民之威鈇鉞也以形威曰不怒而以至敬式至教有孚而顯若其觀神之所主非形之所檢也盍精誠之極怒無其情默順之深威無其象凜乎如入宗廟之中肅乎若會無言之境詩咏靡爭不虛矣君子之德至於如此所以泯聲臭而游天載也

句句有極其誠敬精氣浮出綿上警鍊之至一字三練

不降其志　一節

殷兆燕

論逸之至高者於商周之際得兩人焉夫志曰不降身曰不辱則欲其稍為降辱而必不能矣非夷齊曷克當此而無愧與穆然曰夫人而以自處者亦何常之有哉而於無常之中獨樹一非常之執則雖其世有不同乎而其節自此而奇其人已自此而遠矣蓋嘗瞻覽夫升降榮辱之交默揣夫立志持身之道而悠然遐想焉一運會有何盛衰而命意遐高即不肯以平昔之襟期受裁氣數惟擻其磊落不群者處叔季而厲艱貞大都不在黃虞下也時勢何汚隆而振跡踔厲即不得以無瑕之素履蒙垢塵寰雖歟其志

皦不汚者際末流而還粹白矣不近在耳目間也且夫才易粹
志也最難完者身也以予所聞不降不降齊義至高而其人卒不以
概見豈天地間峻肅之氣固間世而一鍾與抑心彌苦則諧彌孤
有未易遽為屈一指與是又不然則嘗索之高尚之中而得之商
周之際事以剋厲而成節即裁抑之而尚居無上使其世值波靡
而委曲以行吾志亦誰謂其高情之有損而茹固倜然遠也孰一
見以成獨是直使百世下之頑風都振大聖人之行事知懇始知
西山抗節片石直等諸青雲而百抑不回并不屑以既餒之游魂
邀卹典而封茲荒墓矣亦誰得而裁抑之與業已孤清之自矢即

物色之而何玷厥修飾其運當活下而通變以宅其身亦疇指其素行之有虧而芬固邈焉絕也敢古處以厲丰裁不啻三代下盡屬鄉人六合內無非塗炭始知北海潛蹤清流不參一塵滓而孤芳獨賞並不顧舊時之曲調弔遺緩而挹此餘波夫亦誰得而物色之與則所謂伯夷叔齊者非與不淄不損論古者必求其至而其人未覯此格或轉患其虛懸乃遠曠高瞻恰有前型之是証則雖丰標杳隔殊動人以長言味嘆之思或推或挽跡世者詎必從同而植節不移位置早於焉而別具夫考衷辨道寧有溢分之揄揚不謂絕契殷遙偏予我以滿志疇曩之樂此夫子所以論列逸民

必以夷齊為稱首也。然而難矣。

論語本注之精。至此章極矣。一用倒讀。後與下二節一例。通截發二比。急首末句。下就夷齊嘆總。收之倒收。且截處圍不容拖帶夷齊。亦出乎一味也。淺處實跡處因不免旁徵典實又能方滋寫潤之。至其寫神情。魚處極口贊嘆。其次領下婦為左末節。不一照顧。故為脫誌就句。精深飛逸。又免節外生枝。通閱是題文。殊少合作。惟此卷乃無憾。

不辱其身

流俗身不可辱其人不多得也、夫人亦貴潔其身耳、不辱其身逸民中

誰能之哉、且夫人所最重者在身耳、若匹夫匹婦猶知自愛、況以聖

賢自待者、其卓犖不群之身、豈流俗所能浼也耶、故逸民之

中固有不降其志者矣、夫志存乎內者也、然現貫內尤當現其外、

故不降其志正其心者也、然正其心尤貴正其行、不辱其身又有

然者、身所以事君也、擇君而事、非君則不事矣、其身不為君所辱、

身所以交之之者也、擇友而交、非友則不交矣、其身不為友所辱、

且手目之所以司視也、惡色不視、是惡色不能汙其目、即惡色不能

辱其身、之至耳、其手身所以司聽也、惡聲不聽、是惡聲不能亂其身

忠孝史記父死不葬爰及干戈可謂孝乎以臣弒君可謂仁乎即忠孝而不能辱其身也世治而身進行道也非貪位也身亦
不辱先也世亂而身退潔己也非亂倫也身辭不辱於亂也
恥食周粟史記恥食祖宗而良不替自我身而斬北之騎祇知父命可尊天倫可重使其
隱首陽餓而死身不為命汙往國之身新居主土地不難自我身而去祇知為臣
黃農採薇歌當忠為子當孝使其身常為窮餓餓食之恥一黃農已遠猶
古今不遠欲以身挽頹風頑懦俱化惟願以其身留古今吾想其
人薇蕨留百世之芳遺歌振千秋之響穆然神遊之下忽
令人低徊于首陽之巔而不能去

辱　辱非身　身非潔　潔省作潔非歌　歌省作歌非

不能死又相之

嚴詞以責伯佐，存臣節也。夫仲不為糾死，即不相桓猶罪也，而況其又相之也，子貢所以責之深歟。且古今有不共戴天之仇者何也？臣子之于君父設也。子不能為父死，臣不能為君死，千古固已無綱常矣，況重之以反顏而事仇乎！吾謂管仲非仁，亦謂桓公殺糾，為仲謀者，直當捐軀以殉義，不容於反顧者耳。蓋人臣之所者有二，曰忠，曰良，而忠臣之所以事君亦有二，曰死節，仲之所處何如之？糾之禍始於爭國，一旦桓公得國而君之，時。准時留其一　未死之身，殺其仇人以報子糾于地下。

則從仇未可將　死又何待乎故仲之罪即不能死之一節
下不復為仲寬者也而孰知事更有甚焉者倖生之罪既無
之間而妄主之辜尤莫解於事仇之日射鉤之怨桓即
憒自忘也然以此日不去其讐卒使吾君懼其殺害斯恨嘗
仲即不能以一死報其君亦何至以成功報其仇即曹沫之君
之仲為寵遇仲受之恒猶鴆毒也既以此日不赫其主又留其臣與
共朝廷此情倍恐矣仲即不能以一朝而赴義亦何至不能以一
而貧賤耶嗚呼至是而仲之身不死仲之心則固已死久矣尚得謂之
有仁心否由斯以言乃知名教千古　忠孝者一念之決殺身成

何士乃可貴以仲如彼其功固不可可相也然而不能免於子
貢之議如此也

先筆錢古陽作此題照註猶可相之已甚意歸真矣此
屑意俱詳其說不死已不可況又相之乎其言亦更加凌厲
所致如烈日秋霜初上才功之可及之可以長氣

不能死又相之

不能死又相之

錢檟

賢者於霸佐薄責其不死而深尤其事仇也。（真煒用意細貼一破不苟）夫仲之不死而相桓者遺小節而成顯名也。（承題點章意作斷）（一不可多訓）子貢之論毋亦人臣之義而不可併責功名之士哉。（四句立案但只是上句發端）嘗聞君父之仇不共戴天忠臣之義有死無二使管子而愚人也則可管子而天下才也宜其聞之熟矣彼子糾雖死仲之君也桓公雖立仲之仇也既爲糾也臣則宜爲糾也死不爲糾也死亦宜不爲桓也相矣（並提死字相字方是兩句對）夫何子糾以爭國死而仲不能與之俱死（二比先做不能死）（跌又字）吾猶曰殺身成仁者仁人之大節（與仁死關照）而不可以是求多于仲也名忽以殉君亡（針鋒緊對）而仲不能與之俱亡吾猶曰明哲保身智士之大略而武可以湜寬仲之責也孰意又從而相之乎桓公納鮑之薦而堂阜之因遂爲登庸之地魯君拒施伯之言而下命之廣遂爲霸佐之良稱之仲父尊則尊矣抑不思今之北面而事之者乃昔之射鉤而討之者乎反顏事仇不惟無以見子糾于地下而亦無顏立於桓公之朝矣寵之亞卿榮則榮矣抑不思今之舉國而授我者乃昔之檻車而徵我者乎甘心臣虜不惟死無以見召忽而生亦赧顏於齊之廷矣將謂懷才未試一死不足以塞責則當爭國之時何不免糾于死而必佐桓于霸也將謂擇君之事斯足與有爲則當出奔之日何不奉桓以去而必相桓于終也以必死而責

跡出又字理甚　又相之三字突
事
以下斷最閒　合　只將相石因君而
仇兩相吊呪可恨可深　忘前不能忘子糾俱死青其相桓
知仍帶不能死　前既仲之手桓說此說桓
之于仲說不合嘗
閒　損合不死　合
既相桓上勸出宜死得尚在予神　兩局辯駁更緊客實
矣　虛起地駁面

○仍、、往、、仲以相、、、、○、、、、、、○、、、、、、○
仲之或可以逃其責以相桓之責仲之其無辭矣

立論處利刃剖腹行文處明珠走盤　王逸季

一字一句從千鍾百煉中来而章法又極圓脫　色儀甫

此文當觀其無筆不動一股生氣蒸蒸五指間維塵籠如山豈能理後辭　來仲

句句從不死勘入一層如鉄面御史作彈章風霜之氣逼人人

看其次第局陣覺王唐輩典刑如昨　馬君常

子貢意重在又相之故作者將上句作二股下句作六股然是上輕下重之格○不能死可以不死之故乃不死亦似可議

之故子不死所以不必深責之於又相之至所以又相之於又子相之所以可諒之於篇中止首二股頭及第三第四股暨敘題面俱從據所以◎子路章在不死子貢在不相惟敘實不死於能為文字傳神○人知此文做上句急注下句不知其做下句常空上句於文字神情極能緊醒凡題有兩層固須于實處發揮輕處又不可脫略也

不憂不懼

王步青

賢者有以視憂懼之心，則判之易矣。夫人憂也，胡然而憂；懼也，胡為而懼乎？未之思也，而漫欲見乎不憂不懼乎？若謂乎嘗見天下之人，其得寬然於身世之間者，每嘆其天幸，而以為彼所適然。其或適恝然于難處之境者，非不詡其曠懷，而以為特未可訓也。而亦謂子乃曰君子不憂不懼，自乎思之，人之所以憂懼者何為也哉？明亦知擇地而游，則倫理族類之間，豈其好為自苦，而無如境之所迫，意亦從之，故夫無可奈何之遇，有生所共深悲，非必以其人之無學而困陟此憂懼之逆也。明亦知隨境而安，則大人順達之說，無不可以自安，寬而無如命之所值，義亦因之，故之焉不能已之情，聖人有所樂其間，惜其人之無具而逆者，此憂懼之阨也。而今者一若人以心不可以憂，而因高視夫不憂；一若人之必不可以懼，而因高視夫不懼。彼凡以之安常而處順者，子且得以為非不憂不懼乎哉？夫古之人固有身處憂樂而君一之總憂懼之念者，由今視之，是亦出不憂不懼者下也。即世之委心而任運者

謂之非不憂不懼乎哉夫古之人固有生逢不幸而不忍置之不憂不敢付之
者由今觀之是特以不憂不懼爲難也且夫可憂可懼者時也憂之懼之者
而憂則亦時而不憂時而懼則亦時而不懼境遇之靡常既何關於人力而憂之惟
我則不憂亦惟我懼之惟我則不過懼亦惟淺才衰之頓若初無與於生乎假令當
其不憂而忽以所憂啟其慶當其不懼而忽以所懼攖其天天下固將共指爲不祥
之人而戒取必于不憂則將有應憂而不憂者矣取必于不懼則將有應懼而不懼
者矣牛籟以爲反失其性情之正何子之遽以爲君子耶

止子路宿

有客宿宿丈人若有深心矣夫止宿也子路所不意者而竟出之丈人丈人豈無意哉且農夫既自安其素則欲決其外於之必不可得安望其信宿以永今夕哉然而有時其誠有因萍蹤之客款洽殷勤挽栖皇之駕回伸其意也草野之奇遇其事足志焉如子路從而後遇丈人而拱立矣斯時也日之夕矣出而作者入而息林叢之爨火迷離維時子路停蹤無語遙望去轍渺渺丈人亦宜從方完俯拾杖蓧而越陌頓憐客□願留嘉賓且子路於此輕烟慘淡將有欲去而不能去欲止而無所止者矣甚而不意丈人之心乎

動也變落霞無心將有歟有方移駕而不可得歟有人日接而不可手
者矣而不意丈人之禮恍然接矣吾想丈人而止宿之曰夕陽在山矣
莫及矣敝廬在望以永今宵可乎于焉攜手同行不知武陵而入花
門明星照嘉客之懷升其堂清風拂高朋之座因此時之躑躅前途
留嘉賓以逍遙無緣邂逅成終夜之綢繆嗟乎哉關山難越失路堪
悲萍水相逢他鄉孤客而今者女與我寧之田畔即此竹窗草榻可
以以談笑語以長終夜之懷思止宿也吾固是恩盡在丈人也
悲遊子之無棲惻窮途毋寂寞其貌恭而意傲者遂以見柴扉
靜寂任我田園之樂事而在子路也歟假寐而不遑方謂飢而

若愁其形逸而神勞者遂因是深夜盤桓羨彼優游之散人嗟乎天涯散處淒涼几席之睽違面舍羈愁喧雜兒童之笑語蓋至食以鷄黍見以二子丈人于是為有心人矣

波瀾綺麗度態翩躚是題佳構

止子路宿　子爲　徐琦

觀隱者之留賓。其禮足風也。夫丈人非子路儔也。而止宿者何爲乎。食與見焉。隱者於是乎有禮。聞之逃世者必能忘情。忘情者鮮能禮。禮亦隱士之所固然也。寔竟有念行人之況。犇致歲遇之慇。而草野風儀。歷歷可誌。如丈人之於子路者。吾意子路當拱立之時。游車殷轍。嘆稅駕之無從。雲樹迷離。知托蹤之何處。但見負者歇於塗。行者休于樹。餔饋食。往來不絕者。農人之常也。未幾夕陽在山。人影散亂。野風四起。倦翮將栖。油油禾黍之旁。或荷鋤以返。或負笠以歸。諸誰子戟手相招。牽衣入户。獨一人爲。欲進退而無能。將前途今如渺。言念大子。天各一方。人孰無情。能不悲哉。而不意丈人忽而子路而有請也。曰世暮矣。子未知暮耶。可止矣。子未知止耶。路中人。路中人。豈非窮士乎。知我有虛在。請與子偕歸。一乎是携手言旋。行吟數武。見夫藤蘿冉冉。茅屋數椽。蓊其容也。丈人曰。坐。即起入室。謀諸婦曰。舉尾籬焉。萍草。吾野人素風也。今有客無肴。得毋為嘉賓羞。爰以雞黍具進。試飲庶幾。式食庶幾。丈人為殺雞之章。少頃。令二子出拜長者。彼雞農家子歟。亦知進退明揖讓。能不使客見之。斯恃二子執饍。丈人擧觴。一室之間。老者蒼顏。幼者欲秀。父子情深。賓主意重。獨子路去家室。別妻孥。子然一己。寄宿窮廬。丈人即無意識之。子路能戀戀動哉。雖然。主賓酬酢。促膝言歡。一飯方將。二難並見。遊子之心。其亦可少慰矣。但不知我夫子信宿何方。亦有雞意綢繆。款盡幼道。如我丈人家否之

少師陽擊磬襄

程珣

紀伶官而及兩人，疑其有偕隱之志矣。夫魯伶去國，未有兩人共事者，陽、襄殆有偕隱之謀乎。嘗觀聚散之感，去者不若留者之悲，況乎紛紛接踵而僅留兩人也。夫留者尚有兩人，亦幸矣，而一時相顧懷然，欲留則義不可以獨留，欲去則情不容以獨去，流連繾綣，倍難為懷耳。昔吾魯太師以迄鼗鼓諸伶，相繼去位，其時猶有少師、擊磬兩人在焉。夫少師者，太師之佐也，當隨師摯而遄行；擊磬者，又鼗鼓之倫也，亦當共叔武而偕往。乃皆不然，相傳少師名陽、擊磬名襄者，兩人猶徘徊境上也。豈其見太師以下諸賢各行其志，孑爾長征，感去國之孤蹤悵羈臣之無侶臨岐送遠黯焉神傷向也聚首同官不知僚友之樂兮今也分馳異地徒增故舊之思兩人所為相對歔欷不忍言別者也嗟乎維陽與襄能不悲哉假令當日者陽可攝官襄能承乏少師舊署尚有官懸司磬分曹非無金石再典六代之樂還成萬舞之庭陽襄獨無意乎而不知有所不能也爾其東望臨淄太師之轅不返南瞻憂澤亞飯之轍無歸繚乎一去下蔡飄零缺也不還函關終老而且龍門不見誰尋還客之家嵩冢茫然莫辨騷人之宅嗟乎陽襄亦獨何心能久居此乎此又兩人所為慷慨悲歌泣數行者也識者謂兩人有遐引之心焉彼念夫列國分鑣不離中土水濱問

溲來遠神州無勞挈伴而遊自可單車而起今觀陽結襄而歛（此處結穴）招隱襄待陽而賦卜居殆將税駕于雲烟縹緲之鄉天地空濛之境兩人在焉以自解其弔影獨留之憾乎請從此息長謝故人遂相與飄然入海云

從太師諸人去後摹寫陽襄兩人情事層層波瀾俱借上文襯起下句文筆哀艷動人　吳荊山

太師諸人各註一處惟陽襄兩人同去從此着想自是天然議論然截去下句未便發出同行之意只就兩人情事生出感慨妙能留下句地步　汪右衡

日日新

商王不已于新與日同其無間焉蓋第曰日新猶慮其有間也銘之曰日〻新其不已之功為何如哉且人生天地間不難者一日振厲之精神所難者日日繼續之功加如其為難而圖之而日閱日而不留其故亦新常新而弗改其恒聖人純亦不已之修其時時無或間者吾於盤銘而有以得之矣其曰苟日新夫豈新而竟止于一日哉凡物之易於滋垢者偏乘我於方潔澡雪之不寤而倏忽相蒙依然故我也抑物之難於藏污者正特形于既瑩梭濯之中輟而前功不續彌覺莫掩也此湯銘其盤又繼之曰日〻新云以苟矢無窮之修則渾

歷乎歲時之久。豈其閱日而多曠。而湯政慮其或曠。而致儆于日日焉。毋曰已新。後事者前事之續。脫無以永之。安保微瑕之必盡去乎。故必持之以日日。庶幾哉日之運推遷而不窮。而我之新之者亦歷時而弗輟。夫而後功力不憂其弗繼已。人苟圖無盡之詣。則貞志乎時序之遷。何不可常貞於有永。而湯政慮其難。永而致嚴於日日焉。毋曰既新。有初者尤貴能繼。脫無以續之。安必纖疵之不復留乎。故必寄之以日日。庶幾哉日閱日而千古無窮。而我之新之者亦與時無止。息夫而後始基弗虞其中壞已。大抵常情之懈於積漸者。以為日復有日。視日日常覺其有餘。庸詎知須臾之功不繼。即為廢弛之所

日日新

黃城

新隨日積當亟乘其初新之會焉夫日不一日新豈一新乎乘初新而續之乃不負此日日耳且人之所得于天者本日日常新者也然由新而成故者既日日積之而固有者漸消則由故而更新者亦必日日積之而本來者遞出是不過日日徐還其故遂以為日日漸獲其新也如湯之銘盤者既曰苟日新矣然且以此日正大可用也抑以此日正未可恃也蓋新其未新者主乎創新其已新者主乎固固之與創其用力似較輕故即可用也乃新乎未新者乍見而易驚其異新乎已新者習見而反覺其常見常與見異其用力又似難較故

精意快筆絕無浮響

曰未可恃也、雖然、善取新者、必使新之境日日而變焉、善求新者、久必新使之心日日而不變焉、無盡之藏日闢則日開、可含之章日研則日發日最（佳處俱有下句地步）、與日迭乘、而新與新亦以相形而互見、深淪之神日湛則日鑒、濯磨之力日淬則日精、日與日交代、而新與新亦以因端而竟緒、人非勃焉日呈其新機、則必將倦而思去、彼將存息養者、其隱微（日日自有日新之機、有不自以為新之意、刻畫微密）領畧之趣、必有恒覺其可樂、而人不及知者、夫是以日復一日、亹亹而不倦、人苟油然日快其新意、則又將已而弗進、彼月異歲殊者、其生乎洗滌之地、必有頓覺為可厭、而人忽改觀者、夫是以日以繼日、生生而不已、要之天道有以不變為變、其小變也、春夏秋冬止覺日日日之如昨顧其間實有若馳若驟之為而新焉者必竆其力以相（日日中有精進之功人所知也有循序之道合部審）追天道有以變為變者其大變也元會運世不知日月之幾許顧其（知閱歷有得之言）間實有潛推潛移之用而新焉者必需其候以相程此非自茍日新以後而引而彌（愈）長歟然保無日久而玩生乎銘所為惕以夕日也

實就日日中發出精義絕不混入上下文洵稱好手至於鍊意琢詞無一不警非膚廓油滑家所能夢見

日日新

程學院科考一等一名　黃　檼

新貴乎繼、徵其漸也、夫日繼日、而新將漸異、亦日繼日、而新宜漸加、湯固欲以日日自徵耳、且聖人王之學無日不示天下以常新之象也而其功恒凜之于繼蓋踈畧由於積漸而縱弛甚乎因循此則刮垢摩鈍之功往往至於中阻而不自覺也湯銘其盤因而自徵焉日斯邁乎此日非復昔日之日運行無時或息而繼日者尚將如故是坐失此日也日有就乎今日難償往日之日景物隨時而遷乃日引者未見其長是反累往日也無曰已新前事者後事之倡取舊染而悉新之其精神不當以一往而竭無寧一日後事者前事之續理故業而增新之其志氣不容以再用而衰人情每樂創於素汙之難堪至由漸而萌即不勝其依違之意此新之所以難乎其繼也誠知為難將不以既新者為新而以未新者為新隨時而勇往焉則漸滋者自有以豫其防人情每矜情於舊習之怨改追積久而安即不覺其所惕之爽此新之所以易至於懈也誠惕為易將不以一新者為新而以恒新者為新隨日而警覺焉則漸熟者自有以底于純夫前有千古後有萬年此日與日之代嬗于其間尚以一日而廢日日之勤吾恐日偷者必不能日強遠稽重華近懷明德此新與新之接踵而增光尚以一新而棄常新之業吾恐日休者且究歸日拙今夫日之麗

天也繼離出震一日見其新乎日日見其新乎則必曰日日見其新矣是故日有異日而新無異新人之去垢也除舊更新一日欲其新乎日日欲其新乎則必曰日日欲其新矣是欲日無異日而新有異新奈何日閱日而徒曠此日日當新而嘗負此新其亦未讀盤銘而深思夫日日新之義哉

運思沉刻不涉浮滑一路

曰其言也訒　張永祺

從言求訒、則易視之矣、夫以訒言為仁、當不以言為訒也、而胡為易
視之哉、若曰、今之清業於子求仁而事之○非求言而事之也○而不意
将使求言而事之○然事乎言○則誠有言之事也○又不意子甚重乎言○
而又似不欲有事乎言○則今且討之○子曰仁者其言也訒、吾思憂世
二比呈○挽出套下上○推易意
澤物之懐而言以宣之○仁者必有所不自已矣○如子言○不自已者竟
欲相已也○然○亦○非○所○討○也○且以明道地人之思○而言以将之○仁者必
能使為樂聞矣○如子言○使樂聞者竟欲善聞也○然○又○非○所○討○也○則即
○見○出○為○仁○之○干○
以言計之○其不訒也在言○則其訒也亦止在言○且即以訒言計之○其

不訒也夫在言也不訒則其訒也亦止得在言也訒即曰古人之辞
見以設字格是
寡然欲其寡則竟可寡矣豈有爲緘口者哉而與爲如緘諒非以[illegible]之
甚難耳即曰躁人之辭多然戒其多則竟不多矣豈有相捫舌者哉
而與爲若捫舌亦事之差易耳而以爲毋騰爾口已也則於口之外
与仁之乎
不必別有所勑也繼自今其不再與戎乎顧猶是一口之爲慄也設
五下自於一原
有簡默者固已坐收此譽矣而以爲尚艮爾輔已也則于輔之外無
勞更有所患也自兹後其永能出好乎顧祇此一輔之爲戾也即有
誕辛者何難強合此修矣是以入周廟而觀金人相與嘆曰古有慎
編以佳下由了格
言之人如此哉然亦名之爲吶吶焉如不能出者而已盡其實也一詠

抑扁而及白圭又相感曰近有謹言之候如此哉然亦名之爲訒之

焉若重有閑者而更畢其義也一而斯謂之仁者也

題有兩層意思說言所以與仁字合于說訒又是言中極易他人只

作輕率語氣若於層次未見分曉〇其筆妙只在咽縮其咽縮不

窮只在精擬得靈快　呂晚村

中正足以　文理　陳彪

吳學院歲試建寧府屬一等一名甌寧學生諭

必中正而禮之德始全智亦非文理所能盡矣豈非極之中正則齊莊尚未足以有敬也豈智之德又文理所能盡乎且世之臨民者豈不欲範民於中正之途使天下共仰文明以幾上理哉然而本原之非流於邪僻即入於泥棼个有大知中至正克全其作肅之本而因應之主復能含章可貞者有條不紊者其惟至聖乎至聖禮德既見其齊莊已今夫禮也者固有節而有文亦有序而有理者也則夫敬作所取諸齊莊而已裕如矣況禮德之盛不止是耶蓋其不偏之體自諸中者一如受諸性初不假潔蠲以一其志慮威儀以飭其神明

後無偏倚之患也無邪之思直諸內者一如方諸外並不失于流蕩
以杜其奇衺視履以嚴其冒貢而後無頗僻之愆也由是中以建極
正以立表即未出而整飭斯民而皇表之純一糾已可悉有嚴有翼
之神之有中正而齊莊無偏畸之一形有肅恭而中正有常惺之意即未
必而調劑萬端而察分之鉅綜者並可見於彝倫之民禮德既全
以敬臨民又何不足之有雖然王者欽承天道奉若民事固當以敬
為臨民之本而事理之是非人物之賢否所以擾皇衷者又非徒尚
高拱與斯世相忘於淡漠中也假令昭融之體淌有所蔽則雖一哉
王心無偏無陂安見其煥乎有文秩然就理也哉而至聖豈若是斧

郁者失之無華。炫耀者郁於外襲。惟至聖以中正者發而為文。緝熙光明。郁郁乎內含其美。亦外炳其輝也。樸拙者質簡而無紀。苛細者叢脞而愈煩。惟至聖以中正者精乎其理。化裁通變。井井乎條亦可分。縷亦可析也。將見文為中正之文。過不及弗乘其則。理為中正之理。經與緯縷不失其宜。人皆知至德經其文理也。孰不通理也。豈知居敬以[illegible]早有以立天下之中。御天下之正也哉。智德之全。試由文理而進思之。

疊矩重規不戾於瀍

手之舞之

終即手以形其盛無往而非孝弟矣夫手豈能見其孝弟乎乃至文不自知其舞焉孝弟于斯樂即于斯耳今夫孝弟吾心之良知也乃良知而至有所不知者豈僅於履蹈之間見之乎蓋其得諸心者深故其鼓舞於外者愈不可測然後知吾人天性之良其發於不自已者又可即當身而悟也如樂之生至足蹈而不自知如此此豈有所強而然乎使其有所強也則中規中矩之數必不獲見其天良而延容不見其重豈手容獨見其恭乎抑非有所迫焉可知矣惟其無所迫也則采齊肆夏之間已先不離其至性而投足不覺其勞豈舉手

反形其舞乎吾以徵之手手之舞之知耶否耶讀書而至擊石拊石之際獸舞尹諧雖重擊輕擊之不同而撫不外手以為用而茲之手何其難已乎喜則象喜慕則象慕即執翿執簧莫非中心之懇摯由之以出是其舞象舞勺猶可知而有所以運於舞象舞勺之中者不及知也則一舉手而愛敬叶焉已誦詩而至執籥秉翟之什公庭萬舞之中雖為左為右之各異而要不離手之舞以為功茲之手何其不自已乎愛則生愛敬則生敬即執酳執醬悉皆天性之真誠根之以發是其蹲舞拜舞無不可知而有所以戴於蹲舞拜舞之內者則不可得而知也則一反手而親長備焉已一徵之虞帝矣耕田號泣

似乎處其變乃至胼手歷山而終不失天倫之常今日者見舞簫韶猶令人想虞廷之雍肅焉不必於手見之而無不可於手見之皆萬舞之樂有是哉一徵之周公矣缺斨破斧似乎極其戚乃至予手拮据而終克見天顯之樂今日者見舞大武猶令人穆然成周之太和焉不必于手舞形之而無不可于手舞形之皆象舞之樂有是哉蓋至是而樂之盛至矣

仁言不如仁聲之入人深也

何漢

仁之入人有不同，知爲國者之貴乎務實也。蓋仁言空言也，仁聲實惠也，知其不相如，則欲入人深者，其可不以實爲務與？且蒼生有無窮之望，端在人主眷念吾民之深心，則苟有悲憫時艱，形諸慨嘆者，應亦斯人之所縈思不置也。第耳而聆其言，終弗若躬而受其惠。夫唯大澤膏施，流及氓庶，而草野歌謠，悉休風訖謹，則其所以感人者，誠非托諸空言者之可同日語矣。何則？恩之所徹，不視乎彼之應，而視乎我之感。動之以外，則所漸有自，未及乎內也。以外較內，其遠相懸也，亦其宜耳。靡濡之所繪也，詩一人者難憑也，諸百姓者有徹，與之以實，則所被者非僅領其虛也。以虛擬實，其不相逮也，豈待言哉？然則仁言與仁聲，固皆可以感人，而以之相較，仁言固不如仁聲之入人深也。帝德誕敷之日，寧無軫恤元元之詔，而非徒曰吾欲云云也。夫聖主撫在御，即一遊一豫，亦殷殷與東耕秋穫者之呼吸相流通，故一時之士，法無劉雅頌梗之。夫亦心維而口誦焉，乃知聖神文武之稱，非人之過以相與也，良以上之休養生息之澤在百年之間，而不徒以煦煦之言相慰藉。所以戴我皇仁者，亦不僅等諸捧哀痛之書而然。

也。王化大行之際。亦有施惠黔黎之誥。而亦非徒曰咸以輔賴也。夫際重之世。即屢盈

歸寧。仍息之為窮簷蔀屋之悉賤計長久。故一時之東漸西被。雖殊方之遠。亦户祝家

里傳焉。乃知天王明聖之頌。兆民之漫以相奉也。良以上之涵育薰陶。淪浹鍾於世之

久而不止。以屢之之言相歆。奮然以感我。深仁者。亦相從擬議。向慈惠之誠而觀施也。

大草澤之毗。情亦知舉仁言而措之。而即可見諸行也。然而猶有待也。有待者誠不然。

無待者矣。苟有國者有以覘斯人之隱衷而為之顧以相畀。則即與代之文人學士操

受知巷之謳吟。且知歌而兆詠而說屬在編氓之詞。即奈何不思其所以不如之故而急為

施行。俾斯世早躋仁人之賜。而都野之人良亦計實惠之施。亦出於仁言而共作也。然

而已見諸行矣。未行者徒如已行者哉。苟有國者有以悉斯人之微悅而為竭力以相

副。則即復世之父老子弟得傳聞而猶欣然復而流連而說適遠其盛者。即奈何不

訓其既以為然之由而繼而體畫。俾斯世享永仁君之澤。一斯仁義固不外乎善政矣。善

教也。而政者其其忽諸。

領会題之全神。得言不肯

蛮之小妹

八年卧十日无不成去

仁言不如仁聲之入人深也

許獬

觀仁於所入、而得仁之深者也、夫仁言仁聲之入人同也、而淺深異矣、故人主務其深者、且主術舍仁、無尚矣、顧欲究其所入當先觀其所出、有出之上而未被之下者矣、又有出自下而遜受之上者矣、於所出而所入可知也、誰其出自上者、而仁言非乎、夫言則上發之上得而操之下、不能責其償也、誰其出自下者、而仁聲非乎、大聲則下發之下、未嘗自為之上、所以操其券也、如是而其入人者孰深乎、尚仁言者、曰吾將如此以福吾民也、藉未入之者、為仁聲者皆曰吾君之福民已如此也、在既入之後者也、適其朝而聽其仁言、知其君其君將有德於民也入於耳而止於耳者也適其野而聞其仁聲知其民已戴德於君也出於心而入於心者也言與聲摠以寫吾仁耳顧與其君自寫之孰若使民代寫之之為真乎言與聲亦均以揣吾仁耳頌與其君播之而使民聞孰若其民播之而使民聞之更切乎對塗炭而言衽席在塗炭者無不色飛若在衽席而歌衽席其澤溥又何如也對顛危而言太平在顛危者不禁神往若處太平而頌太平其謳謌又何如也耕田鑿井之詠帝者不能自言之經帝民之謠歌而至治之精神乃顯雲霓見休之想王者不能自言之一經王民之後詠而熙皞之景象逼真此何論文汗之後仁言之較仁聲

仁者其言也訒

言亦仁之見端也專爲躁者指之焉夫仁者非有意于訒言也而既
謂之仁則言顏如是也子故特指以詔牛耳今夫參仁人之消息究
乎呈全量以與天下相質証者大都在音希響寂之地言詞膚也而
有可質証者則仍其言詞之呈之也播德於聲淡非寡味會神於默
體則維肖仁人雖不必規之乎而有聲無聲之境所可與有志於仁
者靜參于其際也子問仁乎夫仁者緘默非其所尚也息之歛於淵
握筆高老
深元善之長獨克固于隱微之地此不盡言之自悟也天人交怵之
論其言無入細
中判之於幾微而爲說以解亦仁者所娓之津之而以爲不容已
講仁者總有分寸

蹤妄所不敢居也言之悉其體要縱轶之處何所憑于有德之口
卒復謹凜之有加也心聲相引之交持之以審慎而半語莫溢凡仁
者皆格格吶吶而無或有易心其言也訒是惟仁者言為意之所觸
其觸無端則潜而蘊者不得復封其字以自固而繁簡精粗獨觸發
于仁人之意有挽之使留焉意豈必以善留而見珍顧善留亦誠足
珍耳言之不怍非盡庸愚哆口而談此中之根據何地我思仁者蓄
不盡於齒頰間不茹不吐而鄭重將之者其醞釀厚也仁中之底蘊
不可測言中之含蓄則可知其言也固仁者約畧其意而隱隱以詔
我矣言為機之所流其流有自則漸而引者不得不啓其扃以相示

透入骨理

而委瑣層折獨流播于仁人之機偏出之若滯焉機曷嘗以能滯而乃貴顧能滯亦誠足貴耳人之易言無論起羞談何容易此外之窺尋無路、、、我觀仁者縮有餘于心曲中不辟不隱而稱量出之者其所退藏多也言總不依無根之談訒亦非塞招尤之還其言也又仁者隱躍其機而明之以牖我矣懸一藹如于意念之先以與言期即務為論篤于談吐之頃而以言取文章之盛性命之衰也仁人遑自問其言為奚似乎精神之所躍露囊可括口亦可縢其括訒其縢亦訒也均此一話一言庸人驚異於奇之未有歛者仁者獨以其言及之而寧拙而毋為巧券仁人之幽獨于立談言前而競之焉思惕以二

天號

8″

仁遠乎哉

仁不遠於人，聖人還遂使之自卬焉。蓋以仁爲遠者，不知仁者也。盡

反而自卬耶。今夫仁爲己任，則任重道遠，遠所弗辭，而非仁之果紆其

途以相距也。乃自斯言出，而憚于爲仁者，輒有所藉口而生其疑畏，

則是圖里長者，造物實設一途以困天下士。嗚呼，其亦弗思而已矣。

何則？天地之生人也，以仁爲付畀，故懿德具于當躬，原無此疆彼界

之分；君子之立身也，以仁爲成名，故操存密于方寸，非等窮高極渺

之難。自世有遠仁者，乃遂以仁爲遠矣。物以對待而始有遠之形，仁

則何對待之可言；境以紆迴而始有遠之象，仁則奚紆迴之足論。

轉筆快

張

存讀清隱 可錄 清氣外設 想遠其高遠 快在此而寫 人

仁遠乎哉紛華靡麗之境其得失何與于吾心而樂此不疲者初未嘗以身外置之也至于仁而自內之物幾等于身外望而生嚮以爲形迹之俱泯或涉想之徒虛則似以仁之莫肯省察而積爲遠之難乎攀躋此亦馳鶩爲者之藉口者也試即其所藉口者而令之內叩當亦爽然其自失嗜欲攻取之途其中人每深于性命而溺而不返者胡弗聞以後起謝之也至於仁而先入之符轉視爲後起退而自阻以爲誕登之無日遂畏足而莫前則轉以遠之無可如何而疑爲仁之未由用力此又息發者之漫爲歸咎者也試即其所歸咎者而使之返觀當亦啞焉而若喪蓋遠莫遠于道里之遙然且河山綿

某科云字今
[illegible]歟

邈而神志可孚風雨迷離而心期不隔以乎元善之長與生俱來而乃有遼迴前卻歎杳渺之無憑者乎吾將與斯人共証之遠莫遠于曠代之感然且尚論詩書而聖賢如晤抗懷千古而笑語宛親况乎天真之懿非由外鑠而乃有長慮卻顧訝出入之無鄉者乎吾還願斯人微參之仁遠乎哉

看題之實做亦何不得、云然位時緣獨是躡行無迹

山窮水盡柳暗花明氣息直追大家俗子未許津逮

今不取

賢者計及于不取、若重為今惜焉、夫顓臾豈可取哉、而亦有說為不取之見者、若重為今惜之意謂、天下最不可失者時也、最不可違者勢也、若使於不可失者竟失之、不可違者竟違之、在旁觀者或不介意、而當局者深為顧慮矣、欲今之國且近者非顓臾耶、皆其城郭亦甚牢固、此其意非竟徒為自完計也、今豈得曰脣亡齒倚為輔車耶、聚六他族定備處此、此其形非可以旦夕安也、今縱得曰親仁善鄰為國之寶耶、蓋兇雖不可長、莫早為先發之謀、軍實不可墮失、若顓為自全之策、見取之是、惟今日乎、今若以難得之時而竟不覺悟乎則以為先王而不取以為邦域而不取以為社稷而不取然不取則不取矣獨不計夫難得之時而顧自今失之乎今若以可乘之機而棄不諳意乎則以為立東家則不取以為吾邦域則不取以為社稷臣則不取然不取則不取矣獨不計夫可乘之機而顧自今遠之乎況夫隱民之食二分之取及今猶可以制也今若不取更何俟耶且也淮夷之與十年之猗皮今猶可以勝也今若不取又何待耶竊恐後之視今亦必如今之視昔也

今有無名之指　盧階升

今有無名之指

盧階升

指而無名，有之不足重矣。夫指亦甚微矣，況其無名者乎。有之尚足重乎。從來名非人之所能以也，物是以受是名而名生焉，名是以肖是物而名定矣。天下未有不以名名者，而以不名名者乎，今有以不名名者乎，其惟無名之指乎。吾觀異物而共一名者矣。指，豈異物哉。夫指不一而名之為指，則無異是指，皆共此一名也，而無名之指焉。[illegible]天下有同物而得數名者，又有數之指者矣。夫同是指而指之為名又不同，是名各有[illegible]千象指之也，指之名有其名也，有可領之名，即有可思之義，以其有所表見也。若夫[illegible]倫以指之數而始闕名于指之[illegible]，一若不足比數也者，而並見四指之名合[illegible]論之無所見其[illegible]之也，無以見其之圖也，名不可以僭，遂有聽之而已矣，并忘其為無名之指者之自以為無也[illegible]指又名之[illegible]也，名不可以襲，卻有因之而已矣，指之但得其位也者，[illegible]指也遂并其[illegible]而當[illegible]所不及附于其末而中處之，[illegible]不得其位者亦不得其名而何重其為[illegible]其用有謂其相宜之事而名以著焉。今是指乎也，[illegible]指之有所為未必如為之[illegible]終無所見之功，以無用而其用者亦以無[illegible]名而[illegible]于不有焉。況名緣實而起，[illegible]

不滿之能見者乃無以名其多化既以無名而自貴者也若指之而名之不過成其名一指耳其成于質也非賤之也更有賤焉者子名又不必因形而命者也一身之內知而能役于形者時昧心之尊莫尊焉而相奉且之以為先而成其大者也若無之名之指者不能自見其為指也取其局于形也而于心之貴更為小焉者乎又然要夫人之愛無名之指為更甚于心也

吾心甚是去數情瀾翻作題中字之要請飛動當來者于題以上一段乃真是甚業之人

今若此

恥其夫之無良、不忍述也。蓋妻之望其夫，初不意其若此也。乃今竟若此。其妻求可得而明言否？且天下可自立於丈夫之行，祇自悲者，女子之情，行自失其風規，而情益覺其可恥。所以屬望之切，猶復人意中而難堪之事，又若出人意外也。如良人者，非予與子所仰望而終身者。倘今良人於此，出門有功，或與諸君子握手而談心，或與士大夫班荊而道故，則予也寂寞深閨，莫共解佩以相投，予也夙夜在公，其怨嗟命之不備，非惟予之幸，抑亦予之所深快也。如謂士也罔極，二三其德，而甘屑辱人賤行之事，寡廉鮮恥之徒，雖我良人，好不若此矣！而至於今，則何如哉！貴賤原本于天，故良人者，予初不敢以睃視之則凡式飲而式食者類皆東海之華宗也而今已矣無復望矣昔富本由于命故良人者予方日以富則之則凡飲之而食之者大抵皆青齊之縉仕也而今此矣杳然無聞矣于是今則望然思退然姚子今子今如此良人何而不然而良人今日者雖不能與富貴之人交而或不失于耿介之操庶幾無姚于良人也而何意有今日者誠出于意計之所及矣柳良人于此終不得與類者交遊而或鏡克守廉隅之節庶幾無歉于良人也又不意其至此者誠出于意外之莫測矣天下事有盡如我意者則優游以處可習為相忘矣而至此則大可詩也念及此而心之憂矣曷維其已心可得而隱口不可得而言自顧焉能漠然天下事有誠如我懷者則燕衎以居亦相安

于無事矣而到此則有相左也念至此而心之憂矣云如之何自可
得而腊言不可行而事此念逆爾戚然于是乎也惟有目擊而心傷
耳乎也惟有扼腕而嘆息耳乎何意今竟若此也乎何意今竟其
勤此也而今竟若此憲可嘆也夫

一唱三嘆悠細欲絕後路疏宕若尚亢
汗出沾背

父母其順矣乎

杜能忠

觀父母之順而知其必有自也蓋父母雖非高遠而順之則必有自矣是不可悟行遠登高之意也哉中庸引之以為吾前言道之費由夫婦而及察天地則知天地者天下之父母父母者一家之天地此固道之至庸而無奇者也然究道之費者推之天地而莫窮其端而究高遠之自者觀之父母而可通其意則有如夫子之誦棠棣而賛嘆也若曰妻孥兄弟翕合若此此日之父母何如乎人生功名之事可責報于異日而妻孥兄弟父母之所與共朝夕者也而使父母有不忍斥言之隱則異日之責報未可知而逮憂

者已在朝夕矣人世拂逆之端可順受于一時而妻子兄弟之于父母則家庭之所與相聚處者也而使父母有無與為歡之感則人世之拂逆可盡遣而詬誶者且在家庭矣允若詩言而父母有不順焉者乎父母之心安則順不安則抑欝而不順顧有何事可以安父母之心惟是一家之衆共相安焉則安也乃茲之妻子兄弟歡欣樂育于父母之前而不聞其嘆于室也不聞其鬩于墻也為父母者習而忘之安何如也父母之心樂則順不樂則憂虞而不順顧有何事可以樂父母之心惟是骨肉之倫共相樂焉則樂也乃茲之妻孥兄弟鼓歌游泳于父母之側而有為之奉其旨也

有為之侍起居也為父母者坐而享之樂何如也且父母初不謂其子之以是祇承我也但令妻與子有愉容兄與弟無失德太和之氣近在庭闈旁觀者猶相與歎慕而樂道之況身當其際者乎則無俟咏明發以懷二人而豫順之休風宛乎若覩已且父母亦初不喜其子之別有以祇承我也但令女也賦雞鳴不賦陰雨士也歌行葦不歌角弓風雅之致其于一堂懷古者猶相與咏歌而傳述之況躬享其安者乎則無俟誦蓼莪而念劬劳而天倫之樂事無乎不聚已此不可以知行遠登高之自也乎

此句承上節來起手二比反說見得妻子兄弟不和即父母因之不順

起中二比正從一家之衆共相安者內之倫共以相樂是一段太和景象即文
母既以順之起末比一從父母宜說子以見祇承一說父母和兄弟互別見之祇
承處只一二筆雅接題中其字矣手字俱法末比無意觀懷古二
之積說題之已盡為其所用添數語以接理俱在眼前何文傳
神態度

父母俱存　二句

事有出于天者，非人之所能為也。夫父母兄弟，誰則無之，而俱存而無故者少矣。此豈可謂非天乎。且倫有以人合，有以天合，而人合者不如天合者之親也。顧人合者雖多曲體而得親，而天合者至有時欲親之而不得，此生人之大憾也。罔極之恩，厥惟父母，明發之所為不寐也。凡今之人，莫如兄弟，既翕之所以載歌也。為天子父，以天下養，孝子之至也。然而以舜禹之有天下，而或號泣于中野，或傷心于羽淵，曾不若匹夫之家依依膝下者之無恙也。則父母之俱存，其難也。親之欲其貴，愛之欲其富，友恭之心也。然而以虞周之有天下而或鳴琴于㳻瀨之餘或破斧于東征之日曾不若愚賤之衆雍雍式好者之無尤也兄弟之無故其難也乃若一堂之上怙恃依然而靡瞻匪父靡依匪母雖啜菽飲水而有不羨王侯之榮者彼之父母未必俱存而吾之父母俱存也一門之內瑕釁無聞而伯氏吹壎仲氏吹篪雖併食易衣而有不顧生帝王之家者彼之兄弟未必無故而吾之兄弟無故也于是哀父母之劬勞者自傷罍恥而出入如無所歸此蓼莪之詩之所為作也民莫不穀我獨何害民莫不穀我獨不卒蓋慶人之父母存而已之父母不存也然則吾苟父母俱存而從旁而羨之〻少矣于是傷兄弟之胥遠者釁生受爵而相怨咎

擅一方此角

詩之所為賦也此令兄弟綽〻有裕不令兄弟交相為瘉蓋慶人之兄弟無故而已之兄弟有故也然則吾苟兄弟無故而局外之慕之者不少矣本尋常之理而在宇宙為至奇之境似極易之遭而在人倫為至難之事君子處此如之何不樂也

處〻關照王天下暗吸樂字似從周玉繩文脫胎而吴兩來評周作揚花試雅字〻飛鳴吾亦欲移評此文矣

氣格春容寛〻可讀之心神俱朗

及其不測

張弘道

論水之難測、及其量也、夫水至不可測矣、然後知一勺之多、不足以盡水也、嘗謂盈天地間惟水爲大。故大莫若天地。而天之所生。地之所成者。實與高明廣厚相無際焉。則水之爲已。彼一勺其小者也。及其大果且一勺乎哉。一勺其可測者也。及其全果且可測乎哉。一吾知近之若可窮其畔岸。遠之莫可究其津涯。淺之或可得其端倪。深之莫可窺其底止。涇渼之大。河伯擅之。舉其一壑耳。乃若潴而爲淵。導而爲川。瀦瀦而爲澤。滙而爲瀆。孰非水之宗派哉。則不測之大觀矣。非常之原。黎民懼焉。特其一端耳。乃若泛。而爲

及其二字急出便已截清題位。

四語省主意寫筆力甚健。

疊句稍敘歷落以數奇。

敘其水之宗派。

敘有獨推

並二畫一

波。融。而。爲。瀾。驚。而。爲。濤。怒。而。爲。潮。孰、非、水、之、情、態、哉、則、不、測、之、大、用、矣。有時驚揚震蕩。聲侔鬼神。赫赫千里。有時噴迅奔騰。勢撼山岳。衝。激。萬。端。即。有。時。水。波。不。興。風。濤。盡。息。而。要。之。乍。恬。乍。起。倏。暴倏。平。自。其。至。變。者。觀。之。也。固。不。測。也。當其萬川歸之。不知何時止而不盈。當其尾閭泄之。不知何時已。而不虛。即當其十年九潦八年七旱。而要之水不加。益。涯。不。加。損。自。其。不。變。者。觀。之。也。亦。不。測也。蓋浩浩蕩蕩。渾無際涯。浴乾坤而吞日月者。其不測之靡所限量乎。渾渾淪淪。莫可窮詰。溉萬品而滋萬形者。又不測之所盡藏乎。及其不測而知水之爲水。果非一勺之多已也。而一誠實宰之矣。

（旁批：叙承上三個有時。語出莊子。此承三個多其。承上文。起下文。靡）

及席

壬午　馮汝軾

瞽者之于席、又見其及焉、夫席已進于階矣、冕由階而進、不又見其
及之耶、且見之來見聖人也、誠欲于聖人可入間分一席以奔走、乎
不幸目無所見、雖几席在前、跬步不能自致、然固已歷階而至之也、
然猶不自意其歷階而至之也、夫子詔冕以階、冕已稍稍進于階矣、
為之拾級者幾時、而已漸離乎階也、為之接武者幾時、而乃遠去夫
階也、渠何而及席、方其未及也、冕意中且遙擬一席以為階以上其
必席耶、而亞恐不遽及也、惟自階而進、循其途而且行且止口前作
却而遂及之矣、其既及也、冕意中謂猶遠乎席、安必階以上者有[illegible]

前而遂不覺其及也惟由階而進聞足音而步亦步入趨亦趨而
忽及之當此席者共有與主謙讓而不及之意乃覺將撫席而衛
主而不知其身之已踐也見此席者各有與客謙退而不及之容
乃覺將避席以遜于客而不自知其足之已踏也迴顧不見有階俯
視不見有席意欲前而徘徊不已必至躑躅於欲及未及之間尚在
而席已南鄉東鄉尚右而席已北鄉西鄉地可止而舉趾轉高且盤
旋于將及已及之際縱聞授几有待而倀倀焉思即席之無從亦知
筵在前而惘惘然疑躐席之見誚或方慮席以誰而覺猶趦趄不前
或既登席以俟而猶退避不遑夫子所以又有席也之詔乎

及階子曰 一節

參下未建 李宗寶 六名

情有觸而歷見諸辭、聖人總付以無心也、夫由階而席而皆坐、見於樂有告之者、而于則隨觸而輒宣焉、聖人無心、即見亦安識聖心哉、且天下機惚遘於無端、而情旋引於無盡者、其當觸而輒動、動而不自知之際乎、豈官骸之用弗靈、其歷以形求、卒而告語之勞不逮、偏隨在致其周詳、此約以一時、拊以無心、而已極深淵、纖之致矣、蓋觀之師冕已而矣、進反周旋之節、威儀濡議之文、禮以大為聯人、而容為聯、難在聲聲、不能免於此何以洽、賊形受天地之偏、則抱憾其憾、故造物之急情獨擊口惋害

之淑慎難淵貿然初前應自悼以安窮形骸畢戒而入詩書之風霽
贊軼聰明之用則循序者謹忘乎故晉接之恒度雖嫻而瞻前之
年義已繼於乎以往亦甚慨以冥禮體態儀蹙而發祓法之掌是故
有階焉有席焉有階坐之上為見亦心為凝之而無如其目之無
見何也夫有席之擾擾何驟淡淘而然豫之所神游衡摘禦無何及
階矣而見不知也于則曰階也明揖以拾級而登無憂履錯連步以
工曰協允升庶幾哉布武從容不為趾之艮而見得升階矣未幾及
席矣而見不知也于則曰席也顧詔以撤重有變肅容雖虔長跪為
儀正容刃夫庶幾哉趨隅必謹無忘衣之二二不見得制席矣由是写

坐矣。而覺不知也。子則告之曰。某在斯。某〻斯。舉示以同入有並。俱
味堪聯。耦俱無猜。應求可叶。庶幾識情愫得通。無虞戾之獲。而兇得
知階坐之入矣。境不習。而儀爾相遭。其拋其入。安能於交。于中預持其
準。故動履失步趨之正。則形震者神搖。登堂愆禮讓之宜。則愧生者
顏變。勢處。於無能自遂。而忽爲拖。以格。循身。被。者。幾。不。解。爲。何。效。足。
而。諱。譏。言。語。已。譏。諸。禮。儀。詒。度。笑。語。舉。獲。之。緣。鑑。既。迷。而。情。誠。相。對。
爲。行。爲。止。安。能。於。措。點。如。白。此。其。斷。故舉步恐貽隕越之羞。則氣餒
者何由整暇。入坐應之雍容之致、則情睽者奚以言歡。事當。夫無。可。
如。何。而。恍。若。攤。其。旁。觀。當。局。者。殊。不。識。爲。何。因。也。何。歷。之。那。出。巳。窮。

譏○儀○武○必○銘○雅○誦○以○慎○之○雅○蓋自治維艱在斯人方恨以方寸性天○作無情之酧對○而渾提不在聖人亦祇以無心流露○輔有限之精明○斯時夫子幾忘也○即冕亦幾忘也○何徵子張一問○予並豫計夫相師之必出此哉○甚矣聖人之無心合道也○製局則爲傳鵠立行文則玉潤珠圓擷藝苑之工兼盡才人之能事

及階子曰　在斯　李宗寶

情有觸而歷見諸辭、聖人總付以無心也、夫由階而席而皆坐、冕識樂有告之者、而子則隨觸而輒宣焉、聖人無心、即冕亦安識聖心哉、且天下機忽遘於無端而情旋引於無盡者其當觸而輒動動而不自知之際乎、蓋官骸之用弗靈斯歷境皆形狗若而告語之勞不憚偏隨在致其周詳此其觸焉即動者一時袛付以無心而已極委折綢繆之致矣盡觀之師冕見、今夫進反周旋之節威儀揖讓之文禮所以大為斯人防而審為斯人制者雖在瞽矇不廢也冕於此何如者賦形受天地之偏則抱憾者孰獨其憾故造謁之隱情獨摯而深

暇及盡江

提句　出薄

什好　素下　恰好　始題　扣住

容之淑慎雖則習然而前應自慚以苦寐形骸冒而入詩書之庭
稟質缺聰明之用則不平者誰劑其平故普接之恒度維嫺而瞻頤
之手裁已絀茫乎以往亦甚媿以冥頑體態偃蹇而登禮法之堂是
故有階焉有席焉有階坐之某某焉冕亦心焉數之而無如其目之
無見何也夫有常之境地何敢咨詢而無據之形神端資指導惟子
也必作必趨之隱領統寂感而皆然而要雖於端倪之未露先意而
取以悉歸於杳渺難憑之數而不侮不虐之深心合內外而如一則
相接以情景之堪憐取懷而予要自浮夫主賓酬際之文其因所及
而適詔之并緣在坐而歷告之吾知冕之得其樂也而實惟子之樂

晃之樂也如是境不習而倏爾相遭其地其人安能於方寸中預持其準故動履失步趨之正則形震者神搖登堂愨禮讓之宜則愧生者顏變勢處於無能自遂而忽焉地以持循身被者幾不解為何故也而諄〻告語已默諳禮儀卒度笑語卒獲之緣鑑既迷而憒然相對為行為止安能於淵默內自灼其衡故舉步恐貽隕越之羞則氣餒者何由整暇入坐廬之雍容之致則情睽者奚以言歡第當夫無可如何而恍若撤其蒙蔽當局者殊未識為何因也而歷〻昭宣已宛證履哉必欽唯諾必慎之雅蓋目治維艱在斯人亡恨以有覺性天作無情之酬對而耳提不怠在聖人亦祇以無心流寓輔有限之

精。明。斯、時、夫、子、幾、忘、也。即、是、亦、幾、忘、之。向微子張輩問。子豈諄諄夫相師之道之必出此哉。甚矣聖人之無心合道也。

只就書法上敘而不累下意自然動而不累行文則高曠雄秀局法筆法更自獨標一格

下意有帷燈匣劍之妙是此題真面目真消息亦是舉業中真宗派有体認有步驟有情味有風韻大為兩墨吐氣

及階子曰　在斯

癸酉　福建　李夢登

告師不厭煩聖人之情見乎辭矣夫階也席也某在斯也師冕不知也自子詔之而冕之情得矣而子之情亦見矣聞之君子不辭費事之無待於言者君子不言焉作止本動靜之常彼此聲

精對周字反入筆意自別

長幼之次大固目擊而知矣然亦有心知而巧不能目擊者乎於天斯期乎聖則師冕其人也日者師冕見夫子情亦知夫子嘗從大夫後其堂五級其席再重其從遊不勝數矣今而造其廬也則必登其堂踐其位與賓相揖讓焉可知也登之踐之揖讓之而必待人之詔之可知也詔之自有翼行之人而不必於

先為設難文勢如游蛇赴壑

夫子可知也詔之即無冀行之人而衆賓中有先覺而至者有偕覺而至者其皆能詔之而不獨夫子之能詔之更可知也雖然但問其人之待詔與不待詔耳詔之有人詔之無人弗論也其人而非師覺也上階凜先左之文即席具摳衣之敬交有新故序有尊卑相與樂尋敬業情有必至也即使連拾級不連步登席或怵容西北不知其象義東南不識其象仁而階與席其與其自無弗辨也此不待詔者也其人而為師覺也為賓為阼繪於意而不繪於形為越為渝習於聞而不習於見同堂異地一室千里比於寂處齋居事有必然也即使攝齊而升恐其儀

及階子曰　在斯　李夢登

脱屨而坐中其度南向北向誌尚西之方東向西向稽尚南之說而將及未及或少或長終莫之辨也此必待詔者也不待詔而詔之其辭多待詔而不詔之其辭隱君子豈其然哉故師冕而未造於夫子也夫子之心渾然忘師冕而既造於夫子也夫子之心殷然動矣階也高下之分也席也坐立之節也某在在此某某則在彼也四而四時之象也其謂夫子詔之而人皆（仍不下一語註脚）能詔之也不疑於同也聖人成能與百姓與能也其謂夫子詔之而人莫之詔之也不以為異也百姓日用而不知聖人有心而無為也道也固也而子張自此遠矣

呆作敘事使下文絕無消息尚可如題扣住特〻〻耳最忌
漫加評斷遽添註脚將因物付物補憾生成輕淺也閱臺斯
文爲合法

及階子曰　在斯

癸酉　福建　吳道源

詳述聖人之詔師、無異事而有至情也、夫階席與坐、此賓主相見之常耳、冕偶值之、子則詳詔之、吾黨之志斯舉也、其謂之何、且天下承教於聖人久矣。而聖人者亦時懷其不自已之心。為斯人指示于無窮。故。事。不。越。主。賓。晉。接。之。文。而。情。已。愜。彼。我。應。求。之。分。蓋、其[illegible]至、常。其、遇、至、偶。其、意、則、甚、殷。乃覺聖人有範圍不過之量。而即有曲成不遺之心也。師冕之來見也。夫子何以待之哉。大抵賴旁觀之私[illegible]。尚局不必無是想。為衆人之耳目。至聖何嘗忘此懷。細被齋謂之[illegible]撫是庭除之近。以言乎地。則有階有席。以言乎人。則有位。辨之可以不

辨哉雖然是甚難乎為師冕也抑恐無乎有夫子也天下常然之境
雖循途守轍未必無周旋不到之區故夫階列東西席分賓主庶既
見而依並坐此際揖讓威儀祇為繁縟之故事使緊以此為冕適固
知恭重之儀文難備責於朦瞍何墻堂階之行止亦祇任其游移當
時之晉謁亦覺貌合而情離也以觀夫子愛至則莫已焉猶々兮门盡
宜有成例之可援當可以援寧云破格而相待告語之不憚煩也其
境似不常然矣
天下偶然之遇如高卑俯仰未聞有先事彌縫之術
故夫古協升階禮先正席覩面而樂晤言其間細微曲折無俟旁觀
之慈數使必以此為冕律是即倀々何之目前々親觸之形抑且搖

撝靡究意中多態設之象此時之酬對亦覺禮具而意褻也以觀夫
子敬至則不忘焉其步不窘賜以既盲之視有懷欲吐何難按境而
陳應接之無或踈也其遇似不偶然矣且天下肫然之情在顛危疾
若未嘗有淡泊相遭之念故夫階有常等席有異宜超隅而慎唯諾
以彼將佃傾慮亦已況瘁之親嘗使不以此為見是即挑倚而於禮
言亦云忘象無如寘洽相觸憑聽來可造形此時之酬接亦覺抑鬱
而不許也以觀夫子隨感而情動焉無心相與意動於不自知有觸
斯通言傳於所莫禁矜懷之有獨切也其情何不肫然矣是故由階
而席而坐此境之常也見之及階及席皆坐此遇之偶也子則告之

以階與廉之宜其與其之在則情之解也要之不侮不虐之仁心純
寂感而皆然當日以言相示旬受者或境過輒忘而至今可述而誌
必作必趨之素志合内外而如一當日以口相宣耳語者亦傳述無
多而表情昭然若揭迨觀相師之答而後知夫子於常然之境偶然
之過而聯以肫然之情者蓋其道有固然也

制格最奇魄力亦極

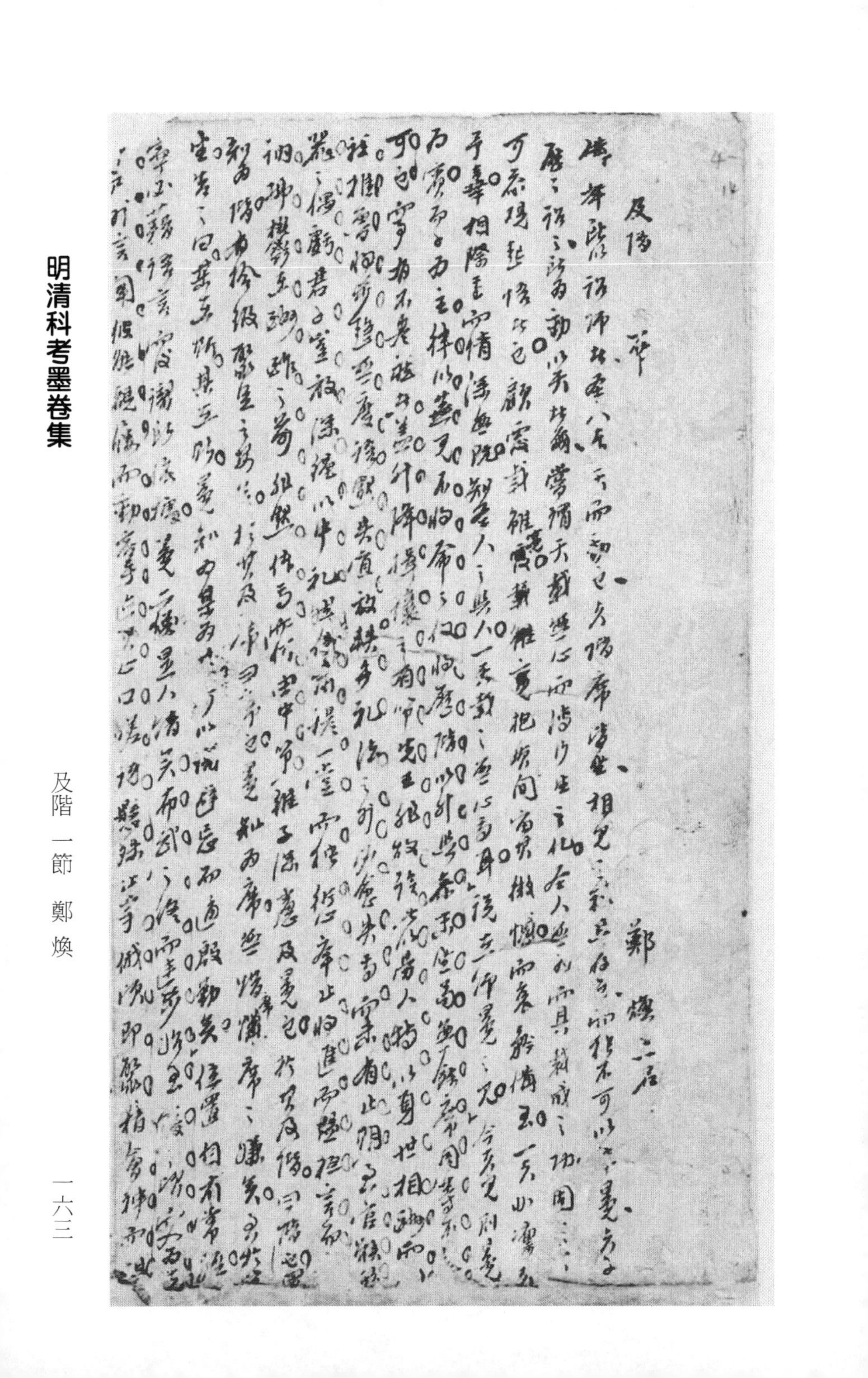

及階　　　　鄭煥

[illegible]

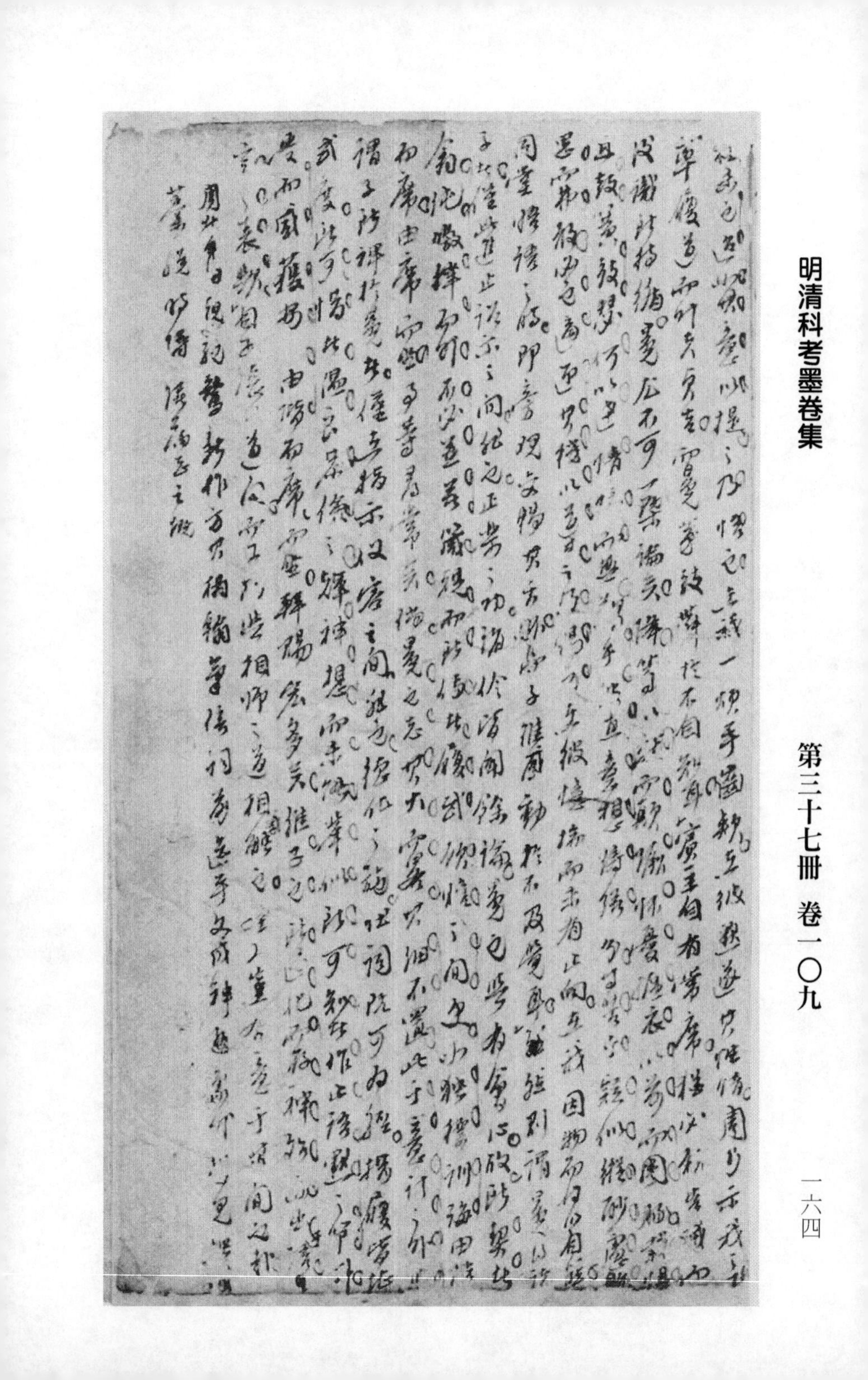

[illegible]

及階子曰　在斯　駱天衢　一名

順應乎聖師者，聖人自有所不能已焉。夫聖人於恒有於應物見其端，階席之告云
坐爾詳，聖人自不能已於應，而因以露其端耳。今夫無隱而動之際，因乎人而發乎
已於治應之用，有必與爲周旋。故其人之所及，而與值此動乎，發於不及者，爲之所在而
時，揭此歟乎藝，詩所在善端，次曲要。令人已以詳明，而從容順應，尚不容漢視耳。
師冕之見也，當其以殷其遜，思向一則曰某在斯之際，正夫子身操心通曲逆以進止適宜
時，聖人之渾渾於不可見，而因物以呈，則恒即其人之病痛詳宜於，以爲作之詩之。
給之端，聖人之因應於循乎高，而一乎周詳，則恒即其時之無與爲禪場，以爲分一之名
命之無異之意，蓋隱於師冕者爲之何其門，而一則必由階而升，離席於后
異也，而由乎階以升，則必即席而坐焉，育於所坐難而周也，遂而反之相因之盡
反之矣，反之於師冕下，見於其物，触之冕，触乎物，即冕之指宜於是物於存之會
於尊視偕光而以兩門以內，礼次礼容，而不容爲中與矣。人之親而見無以覆乎
其道此爲識於所爲多一之偏，心之見而反之，於聖人之心所與解乎其所解，也與解矣，言所
触所感於物於存冕，而亦其子也，今日於相接，有作而以爲育於下　中　構讓

知末方存在其身據之當而無意以及乎末節則措諸此形者得來也
于是之矣當循而循當本而本禮成矣懲由循而本由本而生本者不盡當是之時
存想立則曰以歛其所未而歛乎其中乃於同法周據其源與本張於所即性焉
意而本也且乎第一論猶可任意以揭之詎而其子立此無私推而義良相稱其所
不竟之言有值於詳於則禰舜不易所乎當據其德而啟以歛其義覺所然而之意
乎也而本立同則我所不得其缺遺則在物之同本當為可通之乎覺也言亦旨以之
於則詳意而同乃同歸之其即所通所以缺矣覺所然見於第立其子也而意
前或有所未無及則歛情之總未嘗不或其之乎覺也適當乎所求是一
細於意中之意外焉之矣其即一論竊論寧與應而得得所衛而當據
論有費處詳則善全之於正所當自其當而當順所無卷順付以矣而覺其
提意於義所之意中得之矣其即乎乎此詳密而設以其所未無而肆在有
一曲得而全則無成之於正所同之通治而當所其同然其無適把一論在人行比無
乎所原無意之而詳也

文武之政　二句　　劉子壯

本方策而陳之、亦欲進魯於周也、夫周之治本於魯、周公所以成文武也、方策具在、誠舉而行之、殆廣魯以天下也哉、且夫諸侯之治本乎王。而子孫之謀、就乎祖。蓋分封以來。為故事之循。而奉行既久。有成書之攷。則臣請陳方策。而以文武之政進。何則二。魯周公之裔也。以文王為之父。武王為之兄。則有尊而親之義。故諸侯之國而周公獨留。以叔父而終子弟之事。其所撰述者。豈獨備內史于王宮。文王以覲光。武王以揚烈。則兼創而守之難。故文武既終諸侯。而周公式兼天子。膺誕保而殫制作之勞。其所鑒定者。心嘗

欽方策季情

貳副封于天府。故為君言文武之政。非為尚其事也。人臣無不本于天子者。此周公之志也。抑非為遠其說也。人子無不本于先君者。此我公之行也。文武之定天下。所與周公共事者。太公而已。及觀其後報政。我魯從周道。而與齊殊風。則知魯公本周公之教。而周公成文武之德也。吾思禽父徂東土田之錫（敘川處証實）王朝不聞有誥。而民社之憂。父子豈能無私。昔日同冲人而抗法。今日長列侯而秉禮。煌煌之鉅典。豈不犂具也哉。文武之治天下。所與周公分伯者。召公而已。及觀其後立政。我儆作周禮。而與召異事。此以知周公集文武之成。而我魯享周公之盛也。吾思君奭作命在同官之雅猶

如又以字稱意

告以前人成烈豈王事之餘不貽以燕子孫謀我祖手筆而著之書我後躬披而覽其籍烈烈鴻章不既大備也哉王者四巡則考制度于四岳一旦周天子登明堂而世業是徵則先朝之班物寧

汲於方策上作身事後附人存政舉

僅以龜璋鳴古昔在考公閣于遺訓咨于故實乃以登東宮而訓諸侯使率此以弘奬憲章則宗以大小拜以前後可以觀天子一家之隆國有大疑則詢沿革于世系一旦卿大夫進太廟而成憲是究則歷代之圖書未嘗與考玉俱湮近昔者展氏載在盟府職在太師猶以待王命而郤戎兵使率此以恢揚謨烈則二祖在天三聖同道可以起皇王百世之湮嗟乎禮失而求諸野官美而守

在夷。晉有籍氏之典。天子猶能紀其族。荆有卲墳之學。右尹不忘敬其官。即以我魯典禮獻之宗人。用正公室彝倫之叙。春秋記之日者。亦書列國赴告之文。況我公逮事文武方策具在不可取之（仍归到用公者。是一総）觀治也哉。

題云文武之猶標出周公而告魯君加一層闡切亦於方策字反覆緣起更精樸渾匠手對揚體式俊爽綿緻素以書史例出拔萃於前八股局陣之外其層累勝自不捨不從階也

文理密察　　聞人斌

德有全於智者，晰言之而見其能焉。夫聖之至者，智無不全也。文理密察，不可晰言之以見其能哉？且至聖本睿哲以臨天下，則知之咸於質者，固可統言之以徵其獨聚也；而全於德者，更可晰言之以見其無方。蓋哲謀殫於一心之內，斯清明自有各見之端，爲更端而豎著之，有未與天下驗其知，可先天下而考其能者已。今由至聖之容執與敬而進推之，知全於一心，即有不言知而知已浮。獨至知統乎衆理，更有分言知而知愈見者，徵克灼之咸周悉。然有章有不爲文乎？德之秩然有序者，不爲理乎？德之無微不著，以不昭者，不爲密與察乎？乃即之以思之身開萬物

其文明矣然於臨天下見其文者先於未臨之日代
祈裕無在非燦著之休是惟至聖而能有此文正惟至聖而不足
此文也已更即理以思之躬膺庶務之繁天下固共慕其經
於臨天下見其理者先於未臨之日代其理也條貫
綸之素是惟至聖而能有此理正惟至聖而不僅有此理也已其密
不又可思乎密之徵於有臨者至聖之用而密之存於心者至聖
之辭惟本審密以持衆而凜於未遇事之先亦周於既遇事之後則
以為能之見於密者如此其察不又可思乎察之驗於有臨者至聖
之固應而察之深於者至聖之潤通惟本昌察以慶發而研於
一事以晰其理亦辨於萬事以謹其幾則以為能之見於察者如此

要之澄幾蓄慮蚤已裕於性体之中而即此幾端之各著無非見濬哲之克全抑常變經權不無俟乎當幾之悟亦即此數端之靡遺自有以裕淵通於無外盖足以有別也

文理密察之知與上文聰明睿知便只是一理但上文就統体包括得大處說此句就至纖至悉細分處說所以為小德川流也存疑云萬理燦然於吾心是文燦然之中條理不紊是理條理之中又極詳細而無忽畧是密詳審精密處不使少有一文逐字辨析是理自然條貫而語語俱說向內去纔見此曰承上小德川流而言文是下句足以有別本領細心密理自泛者迥別

第三十七冊 卷一〇九

文學

道有所藉以載者而文學又著矣夫文學之才亦難其人也記者所
由於德行言語政事之外而終紀及之歟昔吾夫子固任斯文之寄
而開絕學之傳者也假使得行其所學則以之黼黻斯世而鳴國家
之盛獨吾夫子一人已耶奈之何竟依依患難而絃歌之音不絕也
一時陳蔡相從之人德行言語政事之外又有所為文學者古今之
事無一不當發於文也則人之所以能了然於心與手者皆藉乎文
以發之天下之理無一不聚之乎學也則人之所以能確然於古與
今者皆本乎學以聚之而況其為吾門之文學也歟百家衆說之紛

夏○殷○以○事○由○一○昭○子○游○吳○人○臨○文○學○二○字○仍○歸○到○陳○蔡○臣○孫○潤○大○

合挾其私以爭勝而文則浮也學則曲也不有人焉為之示何以發

道德之華然惟我夫子刪書斷自唐虞蓋取其文之雅馴者而紹之

世矣彼其學于夫子者惟是樹辭訓詁以修見聞之博洽然天將

使其文學之傳于後世而偏囿之以當時之過也人文草昧之日方

且習為野而不自知而文不經于耳目也學不通于心思也非有人

焉經而倡之何以洗乾坤之陋鄙惟我夫子春秋則經口授蓋取其

學之正大者而傳之後矣彼其從于夫子者豈惟是泛濫詞章以炫

世俗之觀聽然天將使其文學之獨盛于四方而偏陋之以一隅之

也則見其經誦之際文生於學學行於文而貫奇析疑之下共相

吳紹基

共討當此上下無交之時而才華偶露亦覺斯文之不孤則見其離
素之後學有以學其質（精鍊雋語）文有以吐其文而河山風雨之思倍感意氣
方夫病莫能興之日而文采足觀尚堪為吾黨生色一鳴爭造物忌才
文人多窮雖其學足以淑一世而不能化相魯無文之輩昏庸在位
學士遭困雖其文足以締萬端而不能格不學無術之徒為邀其人
則于游于夏云
中間始定游夏貼切詠歎發論可為千古文學標序前後語亦多
警拔至其文筆之雄深雅健更不待言

文學子游子夏

沈錫輅

文學有人、遇窮而學傳矣、夫雖有文學、豈能紓難然、而游夏在側、子顧而樂之、不且至今不朽哉、嘗謂聖人之門、文章學問之藪也、身通六藝、七十二子之徒、誰不彬彬、而專門名家之業、各有所長、要其人精神之所聚、非羣焉誦讀者之所能與也、則事後追思風規、亦足千古耳、是不獨德行言語政事之各有其人已也、天地英華之氣、發為文、而學以貫之、平時揚風扢雅、致足樂也、至瑣尾傷而志氣亦稍衰矣、不謂執經之彥、猶能以風雅傳也、士人言動之微、衷諸學、而文以著之、在昔樂羣敬業、志常殷也、乃虎兕悲而文

詞不概見矣。然而道德之華。殊不以艱難易也。子游
子夏其最著矣。篡脩刪定。尼山稱絕業焉。而游夏寔親承夫筆削（歸根夫子方見得教人各因其材意）
則合虞夏商周之文。以供其覩記。而始得從而指之曰。是皆文學
之英也。閱夙昔夫子所陶淑而成之者。而告歸設教以來。何以文（歸歟十二字）
踈晤言也。車服禮器。後人仰高山焉。而游夏得親炙于門墻。則歷
晦明風雨之久。以共其探討。而僅得遥而憶之曰。此皆文學之侶
也。囿夙昔夫子所患難而依之者。而文采風流之慕。文所稱餘事（次第扱合本旨）
耳。天之困阨。每甚于文章之士。以淹奇顯秘。榮其名。不得奪其福（此從陳蔡生情）
也。所以絃歌之化。僅試于邑宰。而悲傷之積。且至于喪明。則忌其（從與難掬出一層）

才。況齊其遇者不獨鵬野之役矣。不然彼文學如斯。而豈立竟止此哉。人之氣誼亦恒篤于學問之際。以賞奇析疑。其相得既深。而其相思倍切也。厥後微言相似。猶引為典型。而本末偶議亦權隕。譏訕則不悉離者。而不悉背者。不獨追隨之日矣。不然孰雖管學人。而儒林僅二子哉。揚習禮之名。想當日之揖讓于其間者。實有詩書之氣。而彈琴作歌之況。且自此深也。讀詩傳之高。想當日之聞道而悅心者。寔有戰勝之樂。而斬文未喪之信且益以堅也。然而細懷文學二子者烏可少哉。

湖源夫子則澂貴之文學有本關合陳蔡則記者之深述有情

其章合詮佐以運用清妍靜拔端雅不流支蔓

石門齊地昔齊鄭之君特盟於是焉以為南北往來孔道也當有人焉掌其門之管謹啓閉而禁宵行所謂晨門者也

文學子游　　陶淦

首舉文學之賢、南方之選也、夫懷文抱學、郅之彥也、維彼子游、風流稱獨絕焉、乃與難而不及門、子能無句勾吳而雲湧、膺謂聖門儒林之淵藪也。一為陶鑄、頗多郁郁而彬彬、豈淵雅宏通之彥儒屬不之聲教不及之鄉。然而環顧杏壇談晷、游子遊方、鍾靈于異域者、攬南英而如結、夫固有首屈一指有焉、如陳蔡諸賢、畢有德行言語政事若而人、而未已也。天地靈之氣、磅礴本自無垠、不有人焉以聚之、將古今來鈞錦秀絕之區、莫之或顯。山川韋[illegible]之姿、鬱積豈其有限、不有人焉以領之、將古今來斷髮文身之俗

何自而開誠我懷文學我思子游矣曠覽古之遥遥也河洛呈祥而
文明兆啓炳焉蔚焉山河經日月緯矣誠夫子纘攀陳符再啓入西
京之鐘鼓文何弗煌煌也以子游僻處南荒宜無暇于鼓吹休明
而乃含英咀華也乎斯何待武城奏績乃後佩學道之訓今其成
流雲散乎溯洄從溯游慕子游固江漢之英也焉弗東修其志
圭璧其心駕崇玆而直上攬八紘之概也夫其讓詳訓而學業漸
興培焉植焉拜九範飭百篇矣我夫子韋編絕重輝泉洛之圖
書學何弗業業也以子游介居南服宜無意于發抒華膢而乃博
聞強識也乎斯何待蜡賓與祭而後揚習禮之聲今其堂閫人遐

乎羣然望洋然。思子游實荊衡之杞梓也。毋弗積厚流光如其胥侯

覽軼秀髦而如遺前者乎子游者有人矣。泰伯端委而開吳，聲名非不

鬱起，而鴃舌之音猶舊也。自有子游而冠禮樂直通乎上國，雖

輕浮致誚乎，聆其遺風，恍登明堂而觀學宮乎。子游者有人矣。季

札周流而觀樂，才藻寧不範，流而精微之論核也。自有子游而

言論丰柔，時采于尼山，雖隨俗猶存乎葛其芳躅，如入藝苑而披

文以夫子而得時則駕則歎，雖麟無歎，兕虎麐格觀之芳散者

未必非子游也。乃純雜之風尚可開，而絕糧之厄卒不可已倦乎

文者所以窮于遇，以子游而最多相依，則錄金蘭，無錄秋水伊恭。

王之惇史者未必非子游也乃故鄉之懷戀甚殷而東魯之篤萃不可廻厚并學者反以離乎群然則趣首句吳子能不慨爾含懷喟然增數語而況乎溯流風而獨寫不又有西河之士也

才逸風發雅藻花飛入後京涼哀艷勢驟庾家父子江南賦曾

稽歆吳在陽

文獻不足　二句　　儲在文

推無徵之故而夏殷之禮幾息矣蓋文獻者禮之徵夏殷之文獻何如也足不足之際聖人三致意焉意曰夫人有所撰述以信今而傳後者往往博極羣書如出一人之手交遊國列用決一日之疑至於議禮紛紜證據尤重而無如夏殷之不可復識也蓋杞宋至今日而凌夷甚矣雖然夏殷之禮大經大法周官之一物一名其軼乃特時見於他說苟通其義安問其子孫而吾必徵於杞宋者以其為文獻之所在也今夫先世圖籍藏於秘府則官司掌之而草澤之中有討論得失成一家之言者亦可採而為國史之補故在朝在野均號

曰文而杞宋之文則闕如矣名卿大夫習於掌故則物論歸之而章布之列有師友淵源通一代之典者亦可就而問王制之遺故或出或處羣推為獻而杞宋之獻則衰亡矣吾嘗渴其地思欲網羅散失勒成一書而進無所考據退無所折衷僅有存者不過什一之於千百安在其能足也嗟乎尚何言哉且夫文獻之不足宥天有人夏殷之今遠者千餘年近者且五六百年其為時既久況東續封商季已失其職武庚不靖朝歌再燬於兵時異勢殊日就蕪沒若是者天為之也而其後上無修明典物之君下無崇尚風雅之俗降伯降子杞既下既于夷而宋自戴公求頌向戌獻以還君臣之間漸安固陋此

則人事之過而無所辭咎者也是故言其大槩彷彿得之而節目之周詳殘缺失次經緯之本末傳聞異辭杞宋無徵則他何望矣非然者按其圖籍與其賢士大夫游是非可以折衷因革得所考据吾誠不自揆猶能論列其事與周官並存而其如不足何哉嗟乎文獻二者當其存不見可貴求之不得則鄭重而愛惜之矣君子欲有所論述以傳先王之大全而事遠人湮束手無策積數年之志一旦而隳之此窮年兀兀好古績學之徒所為發憤所增嘆也

感嘆於廬陵而頓挫沉鬱以闡氣焉其遠神于扶風志傳中别有會悟

沉浸醲郁。纂錦組有原委。乃文儒作揖讓。則歐陽子之態也。吳山剔

時文左文之相通。只在神骨。似此蒼釀斛奇。逸章瑰流。婉然如畫。

嶽臣鎮雲煙。千秋狀靈海之章。鬱積而流。挺其神骨。與漢爲化

墨皋

孔子曰才難　一節

聖人有感於周才、而深信其難焉、夫周之才、可以比盛于唐虞、而於十人之數猶未足也、才難之語、豈虛也哉、夫子有感而言曰、世與世相乘而傳之不救、非賴此數才人為之維持于其間哉、顧才之生也不偶、而其出也非輕、雖號稱極盛之朝、猶落乎指難多屈焉、有國家者所宜珍重而愛惜也、吾嘗上下古今、由我周以遡唐虞、運會凡幾變矣、而人才盛衰之故、不能無深味前言、而慨然於懷也、夫治之盛也、以才之盛、英豪並起、聿成宇宙之文明、然世雖盛而才弗與之俱盛、賢否挾生、每為山川所秘者、彼五臣尚矣、十亂又尚矣、乃以十較五會不見此優而彼絀只唐虞其一盛乎我周其再盛乎而若夏后商文突能等勢而齊觀雖然斯之盛固以十人著也而亦豈遂有十人之可紀也哉登朝輔政孰不羨名世之奇而閨壼有異能亦將進而與周召爭烈則談才者之風所必焉後也佐命匡時應不乏從龍之彦而宮闈無專擅忽欲進而與畢散絜長則論才者之輒為慼焉傷也有婦人焉抑何十人之數之統未易足也夫以斯而紹唐虞世越千載疑間氣之孕奇獨厚雖盈廷協贊何妨遠軼于中天乃以斯而追唐虞才止九人覺造物之遺憾寔多雖飭陰教克修終難並躋于碩輔故才難之嘆吾嘗聞之以為古人殆無見而云然今而謂世

非才不立才無世不生竊惧其說而之或不盡然也由斯覌之不宜其然乎噫才之难如此而用才者固可以為易而忽之哉

老氣橫秋

孔子曰才　一節

黄學院科試莆田縣學一等一名　宋兆元　兼三

聖人尚論周才、於盛而見其難也、夫斯之才可繼唐虞、而猶止於九人焉、才難之説、良不誣已、且天於數百年而開一代之才、豈偶然哉、顧豈之、以（名語函蓋萬象）發宇宙之菁華、當之以見英奇之卓越、儒者上下古今之才致歎、蓋不獨在衰季之朝矣、昔我夫子立、咸周之世、溯唐虞、以後不禁於斯有感也、慨然曰、斯世何可無才、而人才常覺難得、蓋振古（不斜緩音旨句高極）如茲矣、昔之人、豈欺我哉、且夫才之難也、難乎其盛、才之盛也、盛乃（唱嘆有神）見難、吾非敢寡才、較而見其盛、正與多才、較而益不掩其盛、非於未盛時而見其難、正與稱盛時而益以見其難、不觀夫斯之才、唐虞之後

孰、並、之乎、而、試、問、斯、之、盛九、人、之、列孰、全、之、乎假使周召分陝之餘
尚符八元之數則內朝雖有良佐無過嗣太姒之徽音而豈曰母儀
理乎臣職抑使父爲揚之外猶協九官之選則婦功雖堪即內亦僅
繼英皇爲娩美又誰謂宮中而與府中而斯何如乎夫如虎如貔當
代之豪雄有萋有苴勝朝之遺傑羅而致之以全其數當亦無難然
而榮畢罕有其儔徽箕不虛其志乎姙興廢之局異乎姚媯交會之
時向徽吉叶女貞出其奇于干戈斧鉞之外安在無彼優兒紛之殊
且戢黎代家佐命本自先朝營鎬宅洛衡亮貽乎數世培而植之以
全其數亦復何難然而虢叔弗延其壽蔡霍未有賢聲天地奇傑之

氣且吝於文明開泰之期則雖並泰陰教附其能于奔走禦侮之班（重做末二句得法）而終未免有不全不備之憾有婦人焉九人而已嗟乎婦道無成乃合臣功以成筭（工絕）天疇有九寧限多士之思皇以斯之盛而才猶止此吾是以追憶古語深然其說曰寔其難乎寔其難乎

黃學院原評

審題最確潤澤豐美盎然書卷之氣次亦雅刻

全神注在末二句翻空見奇宏論妙議得未曾有東坡謂腹有詩書氣自華信然信然　曾伯吳仲𦍒

尚論本意專爲周才援及唐虞者伴論耳重發末二句唐虞之際

借以發抒其論作法與李文節程畧同而精采過之少陵所由不薄今人也　師王友周

題義只是見難十亂而僅九人此所謂難也若空疏首六句翕發中間轉落九人句便渙散矣入手頓出才難全題筋節都綰在內後幅將才難意納入末二句中而唐虞之際二句絕不呆寫一筆却步步用作波法於廢曆遺法不失一銖至於議論透闢光氣熊熊工燭霄漢尤宜見賞宗工也　林姪吉

李杜文章在光焰萬丈長兼三大兄績學多聞海內知名久矣屺岵之痛韜光匿迹幾五六載持滿而發竟出　大賢門下其筆墨之光照前後十二乘者因贊極而彌彰耶　陳九疇

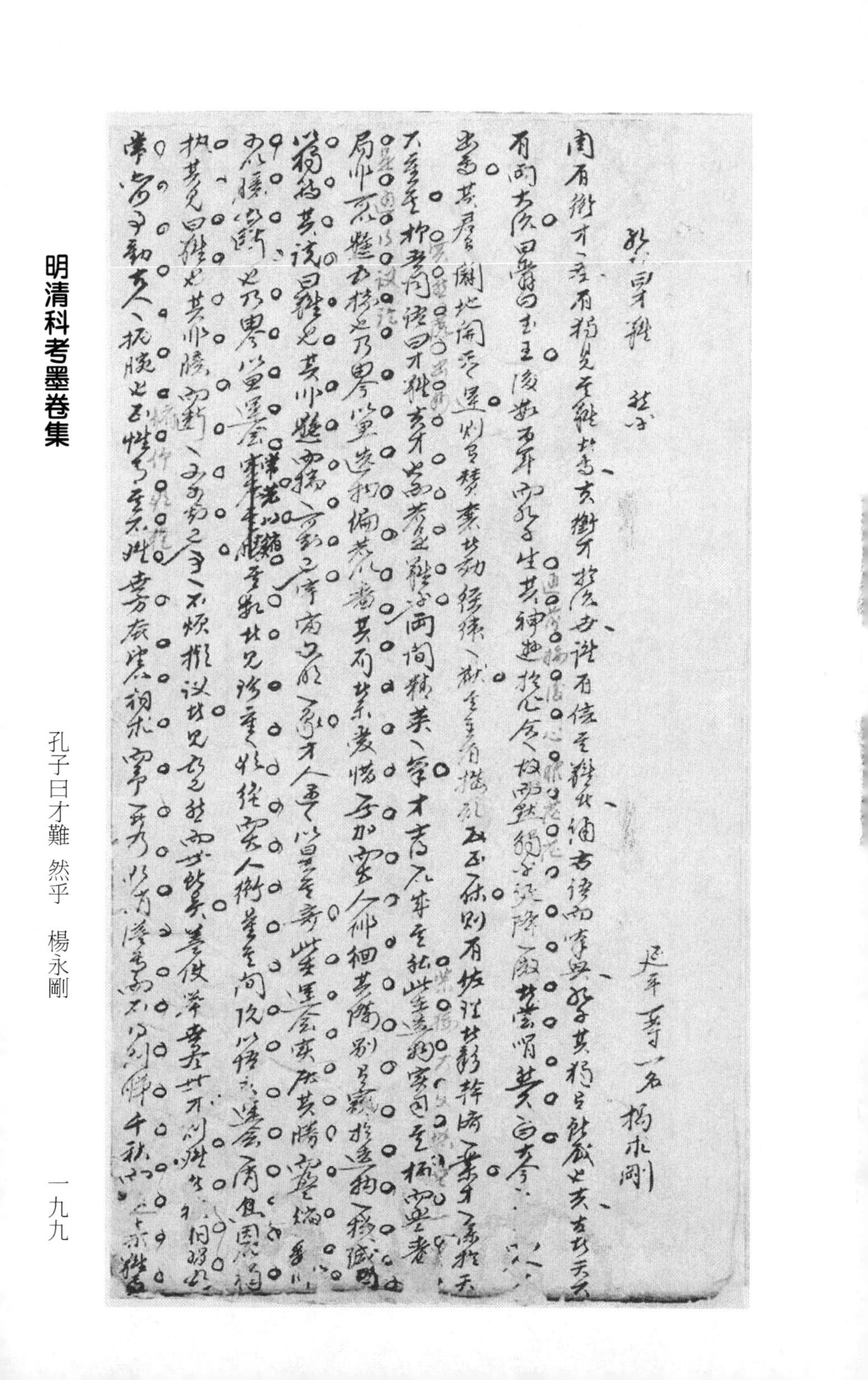

孔子曰才難　然乎　楊永剛

於是歷歷天然耳目之前復以新意[illegible]萬俊尚書乃才判班氏弟傳子甚[illegible]尚不似古德
聞不一世之雄不多其雄人方欣羨[illegible]觀察之[illegible]其何非夫復至而赤秋則嬪方芳而揚[illegible]珍氣五陵漢武
閲此本涵其德而悅[illegible]其覺其皇[illegible]世高受隣其德竊越其之覺夫之[illegible]觀之至之
書畫現於形容隆盛
但此未喜人物京安世運及衛統秋星壽常威悅可意中只千秋古貴去宜中孫[illegible]未
聞喜家既歸仁壽鏡以呈一德之光也

孔子曰為此詩者其知道乎　戚藩

贊知道之詩二聖同此志也夫今之謀國者失在不知道耳述詩而美公子其以此詩告後世乎且國君之榮非獨君為之也大臣憂思諷諭實與有榮焉然即諷諭達於天子而使後之人讀其書不甚懷其志則其詩雖足規切當時明道則未也昔者周公為鴟鴞之詩以貽王時雖聖若二公不及鑒公心也公豈復望知我於數百年後哉然而孔子之時冽泉而既傷矣昔也未雨今也繁霜于誰之屋牖户尚可問乎則使陳風於廷誠我君臣夫豈至此極乎菀柳而既悼矣昔也桑土今也黍離制在強侯下民尚可問乎即使欹蠹于側生彼

則雖王室稍卑而王制未嘗衰斁吾以其所積卜其所蓄矣以君子
言之前之君子父已付之西方矣然其賢其親具在也非熊之載其
兆足以致共和剪桐之封其智早已知晉鄭夫官可省而不省爵可
殺而不殺前王慮此至詳也迄今吉士盡於畚聚賢幾非其賢而里
選猶秉周官諸姬盡於漢陽親幾非其親而朝會尚先同姓後之君
子何其念貽而不忒乎而不知後王冊簡之遺固不如前王樸斲之
勤矣以小人言之前之小人父已嘆為古風矣然其樂其利尚在迺
鼓鐘自論于辟雍而百年乃徵為出車之誦陰雨自膏于南國而再
世乃應以服賈之風夫俗逸易淫而不淫財流易賄而不賄前王慮

厲王奔彘太子靜
匿召公之家其時
召公周公二相行政
號曰共和宣王即
[illegible]相知而修改乃
也

東齊之君興師問楚楚且謂德可綏而力無所用是此日之南人能以禮折東國將南之望德較勝于東來可知也豈武而漢然之昔元黄將于士女已無慮東人之不來重譯且自越裳可以知南邦之是式之況無分于東西並非有限于南北也

孔子主我衛卿可得也

以小主諷聖人，徒知有衛卿者也。夫孔子果以衛卿故而主彌子乎
哉，且主之而衛卿不可得乎哉。乃彌子曰，是可得也，亦彌子之言則
然耳。嘗觀古人君設官分職，捧公卿而任之，必命之天子，詢之百官
非徒以重其簡畀，亦以別賢豪之主身，自有本末，而斷不緣私逆以
得周柄也。乃不意有身居嬖倖，而以顯名厚寔相動于大聖人之前
者，若彌子可異焉。想其謂子路曰，異哉孔子之妹所主也。望門而投
主，能無嘆叔伯之靡同乎。幸哉孔子之值夫我也，倘蓋以定交，其勿
慮車服之莫加乎。夫尔孔子之于衛，其不憚一至再至也，意可知矣
負書擔囊，從吾子而來遊茲土，每一念間，蓋未嘗不在衛卿也。吾思

孔子之先固嘗卿于宋矣正考父之佐武宣也三命益恭著於銘焉而惜也不克世宋之卿也乃不卿于宋而卿于衛則賓王之關閱何妨為洙土之名臣即孔子之身亦嘗卿于魯矣宰中都而為司空也揖行相事會夾谷焉而惜也不終為魯之卿也乃不卿于魯而卿于衛則洙泗之遺賢自可為淇泉之碩輔然則孔子固卿材也久宜為衛卿而鰓鰓乎若不可得者無他以僅主顏讐由故耳則吾且代為計之將毋舍之而主史魚乎則抗直拂主彼且不能因其卿卿安能以之卿孔子不然或舍之而主蘧伯玉乎則卷懷退藏彼且不樂安于卿又安能以卿孔子又不然而求君之所尊寵任事者若仲叔圉公子奠王孫賈皆可主也然招賢繼不肖強人主與近習謀之耳三子

何與焉孔子主之則未如衛卿之將必可得也且如得之亦安保無
左右之交讒于君前者也是皆不足以鄉孔子獨不聞衛之諸臣中
與君圖議國事而又怀好賢之心秉用人之柄者有我在乎夫孔子
亦欲得衛之鄉耳彼君子兮噬肯適我〻歟子佩逸豫無期于歸其
與爾孔子言曰衛卿至矣是可出而仕矣其亟造吾廬而主焉可也
吁彌子之言如此是將以一衛卿動我夫子耶

孔子主我衛卿可得也

林儁

欲引聖人爲重者、姑以衛卿要之焉、蓋孔子肯主彌子者、乃彌子則甚重孔子者也、要以衛卿、亦冀其主我耳、想其謂子路曰爾夫子之僕僕道途也、夫非欲得君行道哉、然越國之困依請祈斯畢生之遇合、可期、得失之際、寧謂不倚人力者、惟其然、我殊訝爾夫子之不擇擇地而蹈也、我今于孔子之所主、而竊有高爲書社之封未遂、宜知富貴之不容驟致矣、乃跋涉徒勞、而淇泉風駕諒非徒事皇皇也、寧勿流連、而冀卿相之、加尼谿之沮終窮宜知咼鐘之無可捷獲矣、乃遭逢不偶、而姊尤頻臨、亦謂不終落落也、曷弗鄭重而商賓主之雅，我知爾夫子之惓惓於衛卿也，誠欲得之耳心矣，而惜乎其不于我乎是念也夫。思我之于衛，固何如哉？予奪之權操于上，而我效勉曰：天之力可使等者而予之，特恐未經握手，則殷勤之雅意鮮通，而遽欲曲爲接引，盡悉其抱負于明廷，亦宜欲悉之而有所不能也。窮通之數遇乎己，而我施旋轉之術，可使窮者而通之，特恐無緣覿面，則往來之交際尚疎，而遽欲急爲揚許，備稱其經濟于君側，亦自覺稱之而有所不必也。最可惜者，形迹相牽，動踈樹黨爲嫌，以塞家豪傑奮興之路，而我不願爲比也。夫誠晉接于崇朝，卒顯榮于一旦，衛卿雖赫奕也，直哉直操券以相餉耳。尤可惡者。功名自愛。顛多固寵為懷。以沮廟廊登庸之籍。而我不肯出此也。夫誠論交在此日。必不令淹蹇在故人。衛卿在掌握也哉。我將持贈以相報耳。假令孔子而果主我。則舉他人所不易得者。而一旦得之。吾為孔子幸矣。藉手以布其鴻猷。行自愧介然自持。徒為是風塵之馳逐。設令孔子而終不主我。則舉當前所可必得者。而一旦舍之。吾亦無如孔子何矣。交臂而昧其機宜。毋寧茲于焉寡合。長為是道左之泝。論吾為孔子熟籌之一轉移間。衛卿可得。顧我能得之。衛君不識子能得之孔子否也

開合迴還曲盡語

去路悠然

揑得我字安自尊大看得衛卿十分拿穩筆端有舌面外生神

有寵絡意有招徠意并有惋惜意若真為行道者進一良策故足令子聽不然惡言不入久矣豈肯牽以告孔子耶

孔子主　可得也　林

孔子主我衛卿可得也

郁士超

以主要聖人者、要之以衛卿焉、夫孔子主彌子、而彌子重矣、故以衛卿要之、若曰吾思孔子之至衛欲行其道者也、今吾觀孔子之所主似不欲行其道者也、何則得可行之位而後無不行之道、亦主可得之人而後無不得之位、是故得衛卿則道行、不得衛卿則道不行、孔子、、知之、主我則得衛卿、不主我不可得衛卿、孔子未必知之、我高孔子之望、非不欲為之先容者、而苟非親昵誰肯任之、一主我是孔子之親暱我也、何猶路人、茲實知己、區區衛卿固可力圖以相報、爾我於寡君之側、常有意為之援引焉、而生平素昧矣、以措辭一主我身我得熟悉孔子之生平也向無因而作之合茲有據以達諸言赫〻衛卿自可取之而若寄爾論情則視者無失其親也故者無失其故也夫在姻婭子師亦即吾師是雖不得衛卿而行李往來豈容他有所主一況論勢則餘甘可分也路車可駕也久托騰心我意適切君意是誠欲得衛卿而有客信宿又將舍我其誰夫衛卿顯秩也我力能得之衛君改館微勞也子獨不能得之孔子乎吾將糞除灑廬以待矣不然竊恐君子之終窮於衛也

摹寫生動筆古宛轉　原評

孔子主我　二句　梁楷

欲援聖以自重者，舉衛卿以動之焉。夫彌子佞臣，孔子寄居舍讎由而主之哉。衛卿可得之言，何其不知量耶。想其意謂：我今者秉權有為，人之奔走我門以求為顯仕者，不知凡幾何人矣。我心頗厭薄之而不輕許也。我所樂者，亟欲得君子者而引為同心耳。夫我之力足以使君子之過我，我心又樂君子之由我而過，而君子者曾不知于我，于臨況為吾甚為君子惜此良會也。子今日者不既從孔子而來顏氏于孔子，屢聘無三年之淹，攝相僅三月而罷，蓋數奇寡偶終若求效其若于列大夫而莫可必得，而況于亞卿之貴乎？豈非不所主以至此哉。使繼自今執是術以往，吾恐上無拔薦之故也，而無

汲引猶初也亦安用此所主之冢為我從者不可諫矣來者猶可追
也于我發也以不早聞計于我、、日內侍帷幄談笑于人主之旁、
令之一予一奪以所不滕之句我、、之罷奉国所共知也奉国共知
而子寧獨不知我日外攬威權睥睨于卿相之上凡令之忽舉忽令
以所不制之自我、、之勢乞顏氏所習聞也顏氏習聞而奈以孔子
若獨不聞惜哉孔子未主我耳誠一旦反其所主而主我焉子曾見
有為我所親之人而君不之親者乎蓋舉孔子平日所期于必得者
自可得諸我一啟口間也況孔子既我之察則其事即我之事忍一
啟口而為主孔子靳也誠一旦悔前之失所主而期今之得誠主焉
子曾見有為我所信之人而君不之信者乎蓋極孔子、平急欲一

淂而猶恐不淂者自可淂諸我一舉手間況孔子既我之人苟其卑即不見我之尊昔一舉手而為主我之孔子儀也且夫衛君以下孰有重于卿者即孔子再三至衛所欲淂于衛者類有過世卿者子不必以失位為孔子憂也羈旅之仲尼即可如世胄之叔圉也我縱不容君側有兩彌氏亦何妨使卿中有兩孔氏主子亦不必以輕諾為我疑也子師可以議司寇淂卿于衛子者可以賢家若同等于卿也我縱不憐子師之閑俎豆而不試能不惜子之行三軍而莫与子乱子之自為計恐不若我為孔子計者切矣子為孔子計者不若我為孔子計者要矣一主我而衛卿可淂夫孔子者何戀于顏氏哉

描寫詞、情形宛然如生而提掇精核處妙皆合法 原批

陽貨欲孔子至其門彌子欲孔子主其家識人既得志者不借
夫子以自重方欲講發語太史公傳孝列傳訣云雖百世可知也
後半從鄉黨生發忽轉妙過人 岷瞻

孔子登東　全章　唐曾述

聖道大而有本學之者必以其漸也甚矣孔子之大惟有本故大也
其庸能以遠及乎是在君子嘗謂學至聖人而止後之君子亦可慨
然與矣而窒知其規模宏遠實有所以然之故驟而期之無當也予
也未獲親遊聖人之門而心竊有志乎其道因不禁于孔子三致意
是重于自道本領與送題者不同
焉此其道如登山然高乎一國則一國小高乎天下則天下小大哉
孔子真不啻置身東山太山之上也而紛紛之衆尚欲執其一說以
爭鳴于世是何異驅沼沚之水而與朝宗比量乎何則聖門一海也
觀聖一觀海也也凡水不足與海較羣言不足為遊聖門者道也雖
然有本焉無源之澤其灌易竭即觀海者以觀水而知其瀾之有源

也。無體之明。其明有限。即觀海者以觀日月。而知其照之有體也。瞿（脉絡自然）
道之有本。何以異是。而吾獨悲夫學之者。不循其序。而徒自貿其甚
盛之志。則請仍以水喻。水以海為歸。以瀾為用。而以科為程。君子于
此知吾道中亦有其科焉。不求述化以為躐等。彬彬乎其章也而已
成也。然後達也。若猶未也。則亦與不盈科不行者等耳。故夫學山而
至于山。學海而至于海。彼誠探乎其本而循循以致之。獨余何遊聖
人之門。而致嘆于無成也耶。

孔子嘗為委　一節　　陸　師　麟度

聖人有貧仕之時、惟其稱職而已、蓋職小則易稱、會計當、牛羊長茁

人豈以貧故而苟焉以得祿哉、嘗謂仕而為貧、非君子之得已也、夫

時窮而身絀、雖大聖人亦安於卑貧之內、特不以小試之無奇、忽其當

官之職業、以云稱也、吾為貧仕者計、而以抱關擊柝為宜、或者曰

何可居也、夫膺茲微秩、以博升斗之糈、士君子即不得志於時、何

至納身卑賤若是哉、是特未嘗觀之孔子、耶夫孔子大聖人、苟得時

則駕宰天下、如治菽粟焉、濟蒼生、如蓄庶物焉、亦何職之不可居、而

乃委吏乘田為耶、不知孔子處此固自有說、蓋德雖豐而遇則嗇、其

豪叟索田之論於後段中發明

如大道之窮而爵不列於崇階則咫尺皆堪自埶材雖大而數則奇
未免莫容之嘆而祿不齊于題秩則報稱豈曰推擲為委吏也會計當
而已矣無餘事也為乘田也牛羊長而已矣無餘事也夫世之衰也學
士大夫有輕世肆志之心焉如抱窩之碩人秉翟之君子大率假不
甚愛惜之官以抒其感憤無聊之意聖人不敢也但使吾職之克修
而外此俱無所問於處此而此盡處彼而彼盡會計当牛羊長盖即
仕止久速無往不宜之大用而此特露其端耳聖人所以無慕乎職
之外也世之降也矣人君子有猖狂玩世之心焉如漆園之吏阮柳下
辱身大幸處不甚重輕之地以寄其簡放不羈之為聖人不敢也既

執窩秉翟出司風簡等八三字乱石手執窩石手秉翟恭嶽不得志而依於伶倒有轉無淨志之心知

此是是典抑識矣

孔子嘗為委 一節 陸師（麟度）

此比是題
曠官之意

有。職。業。之。當。供。矣。可。茍。焉。以。從。事。哉。大。用。之。而。大。效。小。用。之。而。小。效。會。計。當。牛。羊。長。蓋。即。老。安。少。懷。萬。物。得。所。之。宏。施。而。此。特。為。之。兆。耳。聖。人。所。以。無。曠。於。職。之。中。也。一貧仕者。曷弗以是為法哉。

聖人隨地盡職官有崇卑位無大小玩而已矣神理似兼至越題無曠官瘝二意與末節緊緊照應後二比極切用筆亦恣肆不羈。

予既烹而食之

校人後言烹魚以為未嘗畜之池之夫烹魚之事不足以用子產之智也乃校人若以既烹試子產者曰予校人而已食公家之餘食公家之餘而且以食公家意外之獲或出于大夫之所賜而受其賜或不出于大夫之所賜而亦受其賜予邀此惠疇昔已然安能悉數予固未嘗德之而茲則尤其彰彰者孰謂子產智非子產智乃予智耳子產好仁予也不好仁而好殺子產豈未之知乎子產素廉予也不素廉而素貪子產獨未之知乎則當命予畜池之時早已咲其非知予者而予今竟何如哉烝然罩罩烝然汕汕古人每致羨于嘉魚也以生魚而反置之此予之所未聞必河之魴必河之鯉昔人恒興懷

於多魚也以饋魚而反壺之此予之所未安今日者予庖不以給庖

飱而予則以給庖廚想饋之者以有異旨也予竊享其旨爲水濱可

問吾為之賦三星之在罶耳今日者予庖不以宜滋味而予則以宜

滋味意饋之者以為致敬也予頓辱其敬爲杯羹可分恨不為之適

館而發於耳使見予之烹而疑之則當為鮮之曰此下吏之恒情也

中之物且不可保況未至于池者也予之無所顧忌而肆意於割鮮

或啟異時之悔而今則悔無可悔矣使見予之烹而慕之則當啖

之曰此大夫之明賜也人之司且難獨擅況親命于予者也予之一

時意得而安心于染指或留後日之誚而今則誚有難誚矣魚乎將

以之唼藻者而以潤鼎俎哉釜鬵之中有魚漣漪之側無魚矣魚

蔑有靈或當求訴寃于神明之宰魚乎將以之躍淵游都而以供匕箸哉生則生于大夫之心死則死于小人之腹矣予有私幸猶且冀望于將來之饋然則所謂圉圉洋洋者特釜中之示象耳所謂攸然而逝者特予言尚在故耳予既烹而食之

第三十七册　卷一一〇

未若貧而 二句

廣東翁學院科考萬州學一名 黄嘉璧

隨所遇而自得、視能守者有進矣、夫樂則不知有貧、好禮則不知有富也、不視能守者而有進耶、于若曰、天下之處貧富者不少矣。貧則相若也。（脫。筆。洒。然。）富則相若也。有不為貧富累者則不相若也。由恒情而論、不誠可乎。乃曠觀焉。（未若。者也。之神）而貧富之中、更大有人在矣。吾思天有所予人、于而人有所受于天。俯仰之間、何所不足。日用之內、何在可渝而適然（總。勘。礼。樂。根。源。不。分。屬。貧。富。并。不。黏。帶。貧。富。高。甚）貧也。適然富也。蓋久矣、知其初不相涉也、而要難言之、而今且有人于此。即而視之。初若不知其為貧也。然亦何嘗不貧也。即徐而窺之。（含。樂。礼。逆。出。貧。富。以。服。稍。形。之。神）似絕不從富中來也。然亦何必不富也。意其人殆不知有貧者耶。夫

不如有貧而自不至屈于貧而無諂正不足以云也可樂也彼其人（寫人無諂而暗藏未若）
殆忘乎其富者耶夫忘乎其富而自不至恃其富可無驕正不足以
也曰好禮也貧豈可樂之境也哉以貧爲樂則矯飾之意無與于（理解真透）
性情之恬即歌詠自將而此中已不勝其拂矣已不勝其激矣而無
若人者方且優焉游焉甚自得焉則我自有其樂而以貧故改也異
矣彼之儆然不屑而不勝其拂不勝其激者亦已久矣富豈恃禮爲（側積上文鈎取未若用筆不測）
閑也哉以禮爲閑則檢制之餘難語乎從容之中即周旋無失而此
中已不免于拘矣已不免于苦矣而如若人者方且動焉息焉皆天
則焉則我自好禮不以富故移也彼之抑然貶損而不免于抑不免（異秀）

于苦也亦既多矣蓋不齊之過不獲安之尚其制之故樂與好禮者之隨遇而安也其亦或始乎制之而漸臻也而第云制之其高下固

切磋節道理躍如

甚明也外至之境有其矯之即有其忘之故樂與好禮者之游心物外也其亦或由乎矯之而徐及也而但爲矯之其淺深可共觀也未若也賜乎而遂以無諂驕者爲莫之若乎

雅 去

見地真切筆端灑脫精確高妙始兩得之

未若貧而　如磨

學院歲取仙遊縣學　陳玉璜

論境而進以忘境之學達者因觸及夫淇澳之詩焉夫貧而樂富而好禮忘乎境而非徒守乎境也子明指其未若賜胡然而遽觸于淇澳之詩哉且學問之無窮期也歷一途更擴一途以相待而功力之必遞進也至一候猶留一候以相俟故守境不若忘境之高而已精何如益精之善苟自以為至無異工者治其粗而遺其精焉斯亦未嘗學詩實甚如夫子以無諂無驕可賜其遂自恃為已若乎味也秉耿介以褆躬無諂者几疑磨礲之力矣然而歌終寠于北門何如咏樂飢于泌水則處世不受人憐者撫衷殊太自

若凜止足以自持已無諂者几經攻錯之力矣然而戒滿而賦伐檀威至無儀而訕相鼠則淵凜雖云可揭乎操守未免涉拘則樂與好礼者尚矣置我身于窮約之遭困阨之苦我者難堪也我惟忘乎境之念寤寐中不改其順遣之天焉四壁蕭然一心曠然彼拘拘固守者回思不竟成閲歷境乎處吾身于豐亨之地紛華之蕩我者罔覺也我惟忘乎富之見旦明内常若有官骸之束焉名教自寬性情自協彼鰓鰓強制者視茲不尚費涵養功乎未若也未若也子之進賜誠不欲賜之浔半以自安也盖學中之境候原有淺深前境之所歷不如後境之更進也境不一境亦既昭其

理於貧富之間而學者之修爲端宜層累前視爲已精今又轉形其粗矣精益求精自可通其意于貧富之外乃子貢達者也遂不禁觸及于淇澳之詩曰如切如磋如琢如磨物之塊然而具質者必不勝剖析之勞加之以切亦云至矣而詩若曰切其可言至乎規模縱已粗具攻治尚未周全則切之未若磋者信有如治骨角也物之太璞不完者必不廢雕鑿之迹施之以琢亦綦密矣而詩若曰琢其可言密乎形質雖已裁成刮磨猶未潤澤則琢之未若磨者良有如治玉石也乃知學無可止之境視爲造境者隨在皆見爲進境雖子明指其端世途內之程功不盡而學亦無自

足之時。視爲已足者。轉念適形其不足。維賜深領其妙。篇什餘
之。貺我良多。賜真有得于未若之旨也。今而後其敢以無諂無驕
自安乎哉。

未若貧而　如磨　鄭重猷

萬李院歲取仙遊縣李

善教者因能守而進於化、善悟者忽咏詩而繪其象焉、蓋樂與好禮、化者机也、無諂無驕者未之及也賜因引切磋琢磨之詩殆不以能守安耳且甚哉義理之無盡境也學問之無窮期也故與爲能守而隨時知制無寧能化而與境相忘此惟善教者引之而愈深亦惟善悟者觸之而加勵曠覽風人有善繪進參之象焉無諂無驕賜真竟以爲可耶、賦終窶而嘆謂何古人之亦嘗爲守貧味也然獨不有左箪右瓢足以自娛此其心之高曠何如乎賜尚其復企懷未已焉最滿邦而戒封靡古之人亦嘗爲守富味也然獨

不有弗視弗顧可以自安此其心之寄懷何如乎賜宜其復景仰
不置焉胸無有真得之趣者雖以歷空乏之遭胥化于不自知歟
則蕭然者其境乃悠然者其神豈強而起哉幾何年磋風磨而涵
濡于理道者已深故身在貧中心超貧外而浩浩乎與天爲徒坦
坦乎與道爲一絶不知貧之足爲我病也彼無謟者有若是之洋
溢乎則未也中茍無處善常安者雖以膺素封之境渾忘于不自
覺歟則得意者其遇而留意者其理豈矯而致哉數十年朝琢夕
磨陶鎔于學問者已熟故目中有富意中無富而循循乎天則
是秉安安乎人紀是依並不覺富之可爲我加也彼無驕者有

若是之慕好乎則未也是則諸力何嘗而即故求新在擴其心以相引平昔沾沾自喜不躃一途以指示凡疑其守已至輒云無瑕之可攻乎故為賜策其進境端有在於樂與好禮之中不謂識解無定而即此通彼惟濬其靈以起悟令前般之承訓更增以境以刻責轉覺其化未達敵云無玷之可磨賜故因子策其進境且有會于樂與好礼之外則切磋琢之磨遂不禁流連而感觸凡功不可以淺嘗而足自矜已精而未精者政多故務致其精而精益求精不留一隙之可議此亦如治物者既切矣而未若磋之精純也賜讀是詩而皇然歎矣凡效不容以得半而止

自許已密而未密者尚在故克圖其密而密益求密不遺餘憾以苟安此亦如治物者既琢矣而未若磨之精粹也賜誦是詩而瞿然奮矣要之義理原無盡境隨在皆有未若之旨故亦以樂與好禮即處境而昭進道之机甚矣子之善教也而學問本無窮期無時不有未若之形故味乎切磋琢磨即制器而繪進學之象甚矣賜之善悟也為明其斯之謂賜自此進矣

未若貧而樂　朱家濬

貧不累其心，無諂者所未逮也。夫惟貧故難于樂，而樂則不以貧為累，淨無
諂見矣。忘於貧者，貧尚足為心累乎哉？且天下有其境焉，即窮阨之
加，而其人有曠然神遠者，蓋境雖逆而志甚捨，身居於尸之中，心出
之外，則怡然自足，已無待與境相迎距也。而遇其人者，正不復
與交，而思若節之下矣。無諂無驕，其自守誠可也，雖然，無諂豈遂足盡
處貧之道乎？涉其所，都腈聲不忮不求，亦能擇一時之拂逆，乃始則挽
至成之趨以自解，繼且以非道之故，為不平，則性分之恬愉，斷難塗
制乎寡矣。
一而陋圖史左宜右有，亦能息一念之憂虞為外則

慰〻侍府之下　內則隱憾于北門之終窶將天機之怡懌亦半爲
致者涸其和是則貧而樂也視無諂者洵不易覯矣以云未若可貽于
此驗之石室名山何所持贈必曰貧則能樂則是縕袍不恥未嘗不念
及於意況之孤清以貧致非貧而樂也夫豈無遊神寂寞之鄉而
家無長物晤對彌覺其悅心戶有古人往復真堪以遂志自適自得也
樂何極矣使沾沾焉唯慮其志之卑也則係累之神以之非復貧
病之素即不為貧所屈究亦必為貧所拘我嘗過窮巷之廬而聲傳
石此境不紛紛然歟蓽門圭竇何必懽忻必曰樂專為貧上是大祿
可辭未嘗不許及于生平之淡泊而以樂强貧亦非所謂貧而樂也夫

豈無抗志塵寰之上，而余情信芳，衡泌之棲遲，踊適名教，有地潤盤之寤寐殊殷，陶斯咏斯，其樂只且矣。使介焉惟恐其氣之怯也，則矜持之願力已非復貧而無怨之難，即不困貧以辱身，究必因貧以長傲。嘗聞畎畝之畜士，而情寄羹墻，比諸不邈然人稀歎，惟樂也故真。諂之從何止也，爵自天來，但當乞靈於造物，積功苦之久而味有洒洒性靈，不讓雲球皇弁，秋日月報以舒長之味，畀我言笑，酧以鼓毖之機，設進無怕者而揖讓于庭，一則耿介為懷，一則優游自適，相形見詘，能無慚形，識而誦屢清風，一稚樂也，故并不知無諂之尚有人也。德之閨中，寄人之遊乎人化，撤愛憎之藩，而歡迎一室，陽陽君子可人孫者子之於耳目。視聽化其拘墟。其此心思識想臻于恬曠。設之諭者而觀摩其際。氣務何以能釋意見。何以能平譏讓。未遑應復亦步後塵。而忘其故我。一五乎在貧。如容原不為變。而為常好樂無荒。當不以累。而以質合而好禮。無驕又不足言矣。

清言洞名理。抑何瀟灑乃爾。快人風味。依然乞真作尋常歟。

未若貧而樂富而好禮者也

有志乎貧富之境者、視自守者為有進矣、蓋處貧至難于樂、處富至難于好禮、今有志乎其境者、較之無諂無驕、不誠未若矣乎、告子貢曰今者慎㧗以戒能自守。遂謂處境莫加于此也。蓋我能守貧而守貧之見未化。我能守富。而守富之心未融。此雖善于自守。而善處之術。竟亦惘然其用覺也矣。吾以無諂無驕為可、蓋以能知自守也、勿勿而隕穫。誠非儒者之所尚。然克守乎匱乏之境。而不並匱乏之境而渾之。是囿乎自守中者。猶未盡處貧之善也。此北門所以猶多此憂心之嘆也。席豐而傲慢。亦非吾人之所宜。能然守乎豐厚之勢。而不其豐厚之親而忘之。是氣乎自守內者。而未極處富之美也。此曲禮所以必重此不懾之文也。蓋貧而樂、富而好禮。以視自守。不誠其未若乎窮困其難堪矣。以斯人而躬嘗其境即不卑躬以屈節。亦甚難矣。安望其有愉悅之心乎。而樂者。心志意安恬。雖桑麻亦可以偃息。天懷浩蕩。縱衡泌亦可以栖遲。身雖處乎貧。而心實忘其貧。較之卑屈不形者。不殊覺貧而樂者。而為極至哉。蓄積其饒多矣。以若人而身享其奉。即不奢侈以傲人。蓋亦鮮矣。奚望其有循理之事乎。而好禮者。安於處善自亦不至有無度之譏。樂於循理。自不至有相鼠之刺。身雖處乎富。而心實忘其富。較之侈慢不張者。不然覺富而好禮者。而爲盡善哉。世苟無鼓歆自得之徒。則伐檀矣志昔。豈不擅名于斯世。特以處窮約而圖自守。制其情。而未能恬其性。何如忘乎境者。其俯仰爲甚寬也。故人見貧而樂者。謂其能無諂。而抑知彼之衷懐愉快。豈僅如自守者。而徒事強制之哉。世儒之率循法度之傳。則修肆不張者。夫豈不表見于當時。藉以幾厚豊而除㪊慢。抑其氣。而未克循其理。孰若安處善者。其儀度愈聿彰也。故人見富而好禮者。謂其能無驕。而仰知彼之樂循義理。詎僅等自[illegible]者。而徒事屈抑哉。樂與好禮如是。較之無諂無驕。其未若爲何如哉。賜亦當務樂與好禮。而毋徒以自守爲可已耳。

去三年不反

計去國之胡君于臣始無望矣、夫使去而反也、豈無所以處臣者乎、至于三年、而知臣之果不反也、尚何望乎、且夫去國之際亦難言哉、臣有心焉不得而強回之、君有顧臣亦不能勉副之、至於一睽而莫可復合、斯其臣遂長為遠臣、而其君亦定為舊君矣、盖別離之感已不勝遂遂矣、漢之出疆、臣于是出、臣于是去也、先于所往、臣從他國、臣去吾國也、嗟乎、若臣也而竟去哉、然若臣可以有故而去吾國、安知不以有故而去他國乎、今雖去也、或旋反也、君于是望之曰、吾聞交不忠者怨長、恩不甚者輕絶、今吾于若臣、非有以終隙末之疑也、則庶幾反乎亦何嫌乎又聞或傾蓋而如故有白頭而如新今吾若臣可謂積素累舊之歡也則殆將反乎豈無意乎如是者亦有年國之中彈冠于于而來者曰比幾輩也而若臣未嘗與也郊以外驅馬悠悠而過者不知幾人也而若臣亦可知也雖征人聿至冀在款闊之餘而徘徊于意中者卒未聞驚喜于意外即懷此故都多在羈棲之日而揣度于君心者卒未聞果決于臣心始也殷然已而寂然惓且望然終焉杳然嗟乎竟不反與迴遡去國之初日月幾何而自我不見于今三年矣此三年中君知己之有過而轉思逆耳之難聞也則喟然曰使若臣在當不至此所為他日請念者何日忘之也而今

已。矣。此、、、三年中。君視民之如傷。而亟須大澤之將至也。則又喟然曰。

若臣而在。吾民幸甚。所為。如望。歲。焉。者。奚。啻。過。之。也。而。今。已。矣。是非

若臣之薄待其君也。遇合之無定者然也。亦非其君之雖致夫臣也。

志意之各存者然也。于此而遂無意于其臣。則君恩安在。然至此而

猶有縻于其國。即臣心何安。所以不獲已而杖其田里也。待臣若是。

即不反而必為服矣。

古之賢士　二句　　林學曾

賢士無異於賢王亦惟古之時為然也夫賢士何敢與賢王比哉然亦有無异于賢王者比所以遂成其為古之賢士乎孟子意謂予今昔抗懷往古追思一二名流輒為之情深向往焉因嘆古今人誠不相及其足動人之思慕者非徒古之賢王為然也且夫賢王豈賢士所得同哉位居九五尊莫並焉而賢士不敢自恃其尊也正惟不敢自恃其尊而賢王幾若等其尊於賢士況夫賢士又實大遠於賢王者也躬居草莽卑賤甚焉而賢士不甘自居其卑也正惟不甘自居其卑而賢士遂若無異於賢王若此者自古皆然矣古無捭闔之術而今何獨不然遊客也而已非士矣古無脂韋之習而今何獨不然說士也而已非賢矣嗚呼彼何不幸而不生古

初不意古著盛時猶風餘頌足于人以流運著見乎賢王復見于矣也

之世而傚法於古之賢士也然彼猶幸而不生古之世而不至貽笑於古之賢士也夫以今之士
與古之士較焉乎然而以古之賢士與古之賢王較焉乎不然以為然則有賢士而賢王不得
專美于前以為不然則有賢王而賢士不能希蹤于古不知五百歲之昌期賢士
與賢王迭乘其世運乃因世運而徵躬修而有或然或不然之分則雖風雲際
會而考古者徒嘆王者之生竟無名世十五國之人情睎士與賢王遭焉其風氣乃
因風氣而驗搽持而有必然不必然之異則雖數名崛起而論古者且嘆凡民之中竟
無豪傑則吾且為之進觀于古之賢士則吾且為之遙想夫古之賢士則吾且為之追思仰
慕于古之賢士其風可懷其人可慕始之神往于賢王者今復神往于賢士其人可慕其
風念可懷今之情深於賢士者無異向之情深於賢王懷深望睹近之世賢人君子矢志於傚
法者今之賢士亦無弃之矣士何則蓋古之賢士樂其道而忘人之勢者也

可使足民　二句　　戊戌　楊椿

以足民自任者還計及夫禮樂焉夫足民未易使也而任諸先從下三年之後則禮樂其可斯須去乎哉求也復計及此矣若曰求嘗神遊三代之世而見夫比閭族黨間彬彬可觀雍雍足樂也竊爲其時之民幸焉退而思之而知陶之淑之真有餘之景象也然而養民之道其事粗而化民之方其事精矣如五十六七十爲之而及三年庶幾地小則俗易成而時久則民易化乎而未敢必也夫孝友睦婣斯民固有之良也而貧民則有所不暇井里桑麻生人衣食之源也而撫民則在所當途故民之性未復也而先有以惠農可

使百室盈而婦子寧也民之德未正也而先有以通商可使萬貨流而金粟平也民之行未興也而先有以鳩工可使餘技集而治鑄宏也起視斯民足矣乎足矣當時斯也田野之間如京如坻而仰事俯育既可以無憂閭閻之内納總納秸而朋酒羔羊復有以自樂覘治者孰不以爲有禮樂之風乎而求也亦竊念之矣古先王慮民之不知節也而禮以制正其本于容物之地而漸其俗于冠婚喪祭之時此固納民于軌物之中也而其意甚精古先王慮民之不知和也而樂以作寓其理于聲容之始而極其用于作止動靜之間此固感民于幽蜡之餘也而其旨彌雅蓋從來民紛于

虞而民足更可慮如其見民之已免于飢寒也而更使之觀禮焉如其恐民之或即于慆淫也而更使之觀樂焉則月吉之縣詔之以飲射讀法不可謂非足民後之一事也四時之術習之于羽籥詩書不可謂非足民後之一道也而求也何如哉富教議加亦嘗商確而禮樂未遑有愧修明蓋人各有能有不能若禮樂之興固不在足民之可使也亦俟之君子焉已矣

謝朝華而啟夕秀藻思綺巧清麗芊眠前輩錢紹文作格律雖佳才情應遜

可使足民如其禮樂

以足民酬知丕屬意于禮樂焉夫足民固可以興禮樂而反之足者未可與夫禮樂事也求亦知其限于才而姑為許及與儒者受人家國將唯是理財制用率群黎于能煖乎抑與之講讓型仁胥境內以和叙乎夫與養立教治本同原而量才足能事難言其絜度所長而志易副者復虛懸所願而志無窮也求之酬知其三年後者將何如哉思朝廷責望司牧之意合邑內之民生風俗以付之原將覘其能昔陶鑄之權豈僅以飲食桑麻視為吾儒之絕業第儒生仰副簡畀之心舉一方之輕重緩急以籌之而深於

閎合盤旋
精氣團結

夫培養本根之地亦務農教畜持為報國之經綸求蓋志也
足民矣聚群力于家圃之內将材智亦戢其慆滛然不計材智而
計身家即此婦子熙穰差足慰三年中之擘畫綏芸類以康乂之
休将性情亦生其悅豫然不問性情而問衣食即此時豐物茂之
足酬數十里之經營以言足民庶乎其可使哉出其愛土物之心
藏之訓也厚民生者正德之謀也誦先王別有訓俗型方之法厲
不在分田授産之中則何以春官必繼于司徒篇章必吹夫豳雅
祭祀之輪棠鐘鼓無非穀田間士女以薦至治之馨香而和黍
既登何必更修文物聲名之盛然謂治世遂無陶情淑

任此野處田居之樸則何以詔示戒於飲食需象與象斯世之食德飲和莫不望君相勤勉以布人文之致蔚而奮箱方慶當進而考陳常協律之書言念禮樂求所為皇然深思也蓋當物產繁昌之會明堂制作更不得以稍需乃觀治者早期于意中操治者轉商於事後讀太常之掌故自不得不別懸一格以待願力之所伸豈遂與食貨寶泉同上月要之冊歟當此姓保聚之餘愷教悌安更不難於就範乃待治者將循途而至布治者旋場慮而謀仰文獻於宗邦自不得不始立一程以示心期之所慕豈遂與三農九穀同登與冊之科歟如其禮樂求其可與足民同符

乎哉○夫才所能勝○則任人之前○無庸諉謝○而事宜兼及○則衡量之下○未免躊躇○彼君子兮○殆拭目俟之○

純是一塊精氣團結大雅元音非復錚錚細響 張恪仲

可使足民如其禮樂　錢世熹

賢者以足民自任，但欲全其說于禮樂焉。宜言足民而不言禮樂，則其說不全，故既任及之而復擬及之，曰處今日而欲廣教化美風俗，則足民其本計矣。顧學士量才而受官，國家因時而舉政。有未然之事而可以空然任之者，其自量審也；有未然之事而僅以未然擬之者，其自量尤審也。求也為之，比及三年，所以酬知者何如哉？古者養而後教，故正德之訓不先于後學主鄉；古者富方穀，故明倫之咨不緩于教稼，而求于此竊自量矣。三年力農通商，宣無勸學興賢之一日，而求之業則在足民，將備熙穰之倫備盡

寧之盛焉從此穀人足于畫繢人足于衣可也三年內平徭寬賦
豈無採風問俗之一時而求之才則在庭民將備作息之衆快耕
餘之初焉從此秸稭足于國芻茭足于軍可也求不敢言民足
也庶可使足民而足民于是時服賈洗腆以事父兄酌禮升香以
衎祖妣而且歡饑壯狩洪湧娛賓伏臘歲時吹豳息蜡不彬彬禮
樂意哉然而酌兕躋堂可以言禮不可以言禮土鼓葦籥可以言
樂不可以言樂如其禮樂自有禮樂之事也求也將進茲土物心
藏之民與之修三代之遺文聽祖考之彝訓乎而求又竊自量矣
彰明執物而沐其秀于里巷庠邊此足民之一進也唐魏之勤儉

所不能兼也。鼓吹休明。而播其音于風琴雅管。此足民之又一進也。支陽之鐘鼓。所不能加也。求能易瘠土為沃土。而又恐沃土之民易湲。求能究盡國為寬國。而又恐寬國之民難用。則此際之需禮樂甚殷。而求于此未敢任。過求能為民謀衣食。而衣食即廉恥之原。求能為民奠室家。而室家即中和之本。則此際之趨禮樂易。而求于此詎能竟功哉。昔成人之訓。夫子為由告也。取求之藝而欲進之以文。卑中之論。夫子不僅為衛籌也。富于庶。而又終之以教。求非不志之。而未敢自許也。可使足民乃以酬知者。惟此耳。

可謂遠也已矣　吳華孫

即明而得遠、惟不蔽於近而已、夫近者且蔽、何遠之有、則即譖愬不
行、而明不已遠哉、嘗謂視遠惟明、而能近而不遺者、即能遠而不惑、
蓋紀有先于天下之覺、不待逆物之情、紀能闡乎天下之幽、不詐
物之詐、而目前之地、可覘窮理之極功也、譖愬不行、是明也、而豈夫
明哉、情偽無窮、而莫能入其中、以相誘、則莫能出其外、以相蒙者、
易惑、而坐照莫有遁乎哉、則遁無不抉其隱、是豈徒明哉、而可謂遠
也已矣、人情惟至所務、而遂無以照乎猝然之感、何者、神明不
憧擾、則本體已失其虛也、而後逆覩于至近、不得其全真者、

貞下之動機萃太虛空之情早以有空之天機之所流
特超于物交之先人情惟是既滯而遂無以察乎偶然之故因
見僅守于拘牽耶遇物必勞乎擬議而多遂歲於昔者不乃者之
希微氣以識乾化之我雖萃其不測之形即以不測之神運之所
然外物者希色乎感通之外善在彼其百爻以相搖我約其百爻
而去乎本則論周乎爻任耳目之無需要聰明之有主乎明也在乎
宥密之深不俟乎循迹之迹在彼用乎深藏以相識我寄乎深藏其
而發乎秘則旨量乎藏相對在乎聲乎形相喻在無聲無形乎明也
在乎心術之際不假乎迹象之間然則惟耳目之用以為遠其說遠

也此至習而可忘而明由于淺入則遠由近而推彼無端而莫此而聰燭于辨察則遠亦近而在也然則貞勝淵而之思以求遠者哉遠也冥心以為智而物先而既是則求遠而已先乎明合物以剝智而惺然世不察則明是而已見乎遠也緬無遠之在是而所之道不又遠求矣

名題剝造極路總而風雲通乎思力之精堅真至行乎法度

雄麗

望微至其題意見帝

西山爽氣豁人心目

以友天下之善士為未足又尚論古之人

友善無足心。盡于今者又進于古焉、夫友天下之善士、似亦足矣、乃又尚論古人焉、取善之心曷有極耶、是天下大矣。善量暨于天下、則化而閒之。善已盡取而無遺、後何為而寄懷于千載上哉。蓋天下雖廣、而吾心無窮。必欲舉今古之善、無不包羅而始快、詎以取善若之心、猶慊慊其限于一也。更欲其進于古、已由鄉國而至于友天下之善不已、無慊于今之人乎。豈得少以自封、若人之情也。友善而至天下、似可為息肩之地。不必遠追乎前代、蓋懋德而難盡者、德之量也。友善而至天下、何不為駐足之期。不思上哲乎、前哲猶以為未足、取善斯又有說、

論矣萬不敢與庸衆共步趨交書賢豪聖岂靡許门外然而緒
緒僅及于一世取善井不以為鉄也惟是天下之善散寄于天下之
士而不獨散寄于天下之士求而不勝求也椽是以終素心猶存見
少爾雅不欲与叔季争進取量甚宏山岳吾身岂限于目前况乎英
氣有难于遏止取善竝所能自滿也惟是方寸之内網羅乎天下之
善而不特網羅乎天下之善取而不盡取也執是以繩紘知心尚覔
未快爾一又尚論古之人岂曰我能是之亦思鏵特之惡其貪而取善
不妨貪也一人之心思前乱通乎古之人以相括则其量不宏故今
可居也而古亦可褚就令衣冠劍佩去今已遠而其曠怀高寄不

盡難進之河嶽其心欲然其意皇然直與古人相質証矣凡事惡其
爭而取善亟欲多也一生之知識苟能彙集古之英賢以自勵則
其見不高放令可通也而古方可傳就令笑貌音容空縈夢想而
其放達不羈每欲時接之神明既進一境更闢一境直與古人相輔
為矣夫抵造道之功原無止境苟存足之之心是性量自廣而我故
隘之也是以友盡天下者且望古人而生慕況夫潛修之儒貴乎虛
受使苟足之之念是理道本深而我故淺之也是以尚論古人者不
以天下而自拘不然友天下之善士方且翊翊自足又安能尚論古
之人哉善善量之愈擴愈廣固不囿于友天下之善士者遠甚觀

明清科考墨卷集

第三十七册 卷一一〇

以告者過也

耿應張

甚告者之辭似深知大夫者也夫賈謂告者之過亦以其言之太甚耳第不知賈果何以自異於告者耶若曰人之相知亦貴得其心得其真而說之在人者可以我之意斷之也否則是者無由信其是非者無由指其非而賢哲行事反沒于己甚之辭者有矣如子以夫子為問予非親炙夫子而知其如是也若親炙焉而果如是耶亦無庸致詢矣蓋必有告者子亦非朝夕夫子而疑其或不如是也為吾夕焉而或不如是斯亦無容下詭矣蓋必得于以告者彼見夫習俗之態也動靜之間往而多俗得夫子而心異之矣異之則思有以表

之而夫子之爲遂矜矜焉以告彼念夫素行足風也居處之恒必多可觀之夫子而以儀之矣儀之則必有以奇之而夫子之行竟震震然以告蓋子因人倫之鑑也名卿大夫皆得子而益章夫子必以所行而不爲子務陳之也此告者也抑子之善善每長也定論原情善雖微而必録豈夫子之嫉修而不為子張大之也此又告者音也孰知論人必求其實毀之不當不足以垢污譽之不中反足以掩行也苟驚乎其名而稱之不繼以虛聲之故併其實行疑之乎此不可不辨其誣者也衛人必致其平奇人相尚輒多矯世之辭學士貴理故有折衷之論也苟甚乎其說而推之不幾以震矜之意併其真修沒

之乎此不可不明其失者也告者過矣告者弗省也以告者過矣聞所告者當察也賈竊有以明語子

過非錯誤之過乃是言之已甚耳告者本推尊夫子而言之不責已甚公明賈開口說此句便有時言樂笑義取之文子在意中起手挑醒以告者二比中間四比推原告者之意以為彼蓋心異夫子心儀夫子故修陳之張夫之不抹煞告者極得[illegible]方斷其過篇法最有次第初學曉此布置可無首尾重複之[illegible]也畸偏也

以告者過也

以其乘輿　似公稿

即所以日特誌之亦春秋之僅事也夫輿國子産之所乘而以之則何為乎特誌之謂非春秋之僅事哉且天下有非常之人必有非常之事故覘國者不觀乎其大也即日用所以間無不可得其概焉乃不意屬在名卿而日用之所以雖足欺當代之耳目而終不可入吾黨之見聞如子産聽鄭國之政以其乘輿一事也夫子産非居鄭相者與則身秉國鈞音知朝舉一政國之中惟命是從暮舉一政國之中亦惟命是從果何所為而不遂何所以而不得哉而乃沾沾焉以其乘輿何也豈以輿以載身而以之而大夫之心亦無不與俱載

則

辰布

乎宣以興以自重而以之而大夫之心不欲有所獨重乎柳宣以古者天子有輶軒之採鄭既不能行千逺之文而惟乘輿之以即足博訪閭閭之疾苦乎柳宣以通者秦邦有車騎之縱鄭既不能同霸業之覇而惟乘輿之以即足迺樹草野之風聲乎不知尊卑原有定分輿而曰乘是固別以大夫之尊也今乃於大夫而別之而復自大夫而以之則尊卑何以見貴賤原有異等輿曾乘是亦繫以大夫之貴也今乃於大夫而繫之而復自大夫而以之則貴賤何以分且也清道後行中必後馳者此輿也而竟適然而以之褻孰甚乎寧以風稱為博物者亦不自傾其褻耶且也武夫前呼從者塞路者此輿也而竟

漫然而以之輕、孰甚乎寧以諸侯之是賴者而不自慮其輕耶假令、
以乎其所可以則大車之詩吾將為子產誦之矣至以乘輿之尊殘
而妄為馳驅假令以乎其所當以則輿人之歌吾早為子產期之矣
至以乘輿之華美而其為徒杠然則乘輿之以行於一國播諸鄰封
固無不稱為盛事而止不妨直指其行以俟後人之論斷施之當時
傳諸後代固不習為美談而亦不妨特誌其事以待儒者之折衷噫
吾恐溱洧之人亦不可勝濟也子產其奈之何

以約

聖人慮人之不約、而深望夫以之者焉、夫第云約也、亦非所難也而孰是以約者哉、子故懸擬以相期也、曰、天下之紛紛待給于我者何多也。而我復有求多于事之心。欲以我之多。勝天下之多。將紛紛者莫知所自檢矣。抑知有反乎多之一道。聽我以操而御之者乎。何則。世途之險易不可知。既不能離世以自全。則外而思所以善世。當非漫然而無所挾。一身之因應不可定。既不能置身于事外。則內而思所以善身。尤非泛然而無所持。如是而身世間。將何以乎。迂濶之儒常多拘。遇事而躊躇莫定。往往至于廢弛。于是高明之士。惡其拘而思逞焉遂肆然以蕩者有之委靡之流常畏臨事而頹却弗前往往至于無成于是放曠之士矯其畏而徑行焉遂修然以縱者有之獨是拘不可也蕩豈可乎哉畏不可也縱豈可乎哉自我言之皆不知約焉故也有知人而以約乎約似乎嗇而實非嗇也動靜出入人以為可任吾意者彼則自立之閑焉而不以約弛者衆其念約疑于簡而究非簡也日用云為人以為可恣吾情者彼惟自守其則焉而已以叢脞者擾其事是故思則有位也而以約則慮善而動思不出乎其位神則有舍也而以約則退藏于密神常守乎其舍言則有坊也而以約則口無過言言不溢乎其坊行則有畔也而以約則身無過

行。不韙乎其畔。若是者以前聖之規矩。將範圍而不過。而吾身之悔吝。自漸弭于無形。失之者鮮。非以約而能然哉。

題是未了語虛寫則無味寔寫則易侵文入手渾渾籠起以字間將高明放曠之不以約者翻襯二比然後借勢宕出題面以不層層洗發妙義環生却仍緊緊抱住以約剔題語氣一絲不走真得先輩靈縮題秘訣

以約

以意逆志

硃句

壬子

以意逆志是為得之

志以逆而得說詩者當知之矣蓋詩之志固有在也但逆之則得不不逆則不得耳以意逆之斯為善說詩耳且古人之精神與後人之心思常相附而存者也精心思無所閉而入則精神無所引而出惟於尚論之下推見至隱而古人與我已相遇于几席之下矣說詩者不以文害辭不以辭害志則志豈可以不得哉志不得則山川草木祇為族逸之思而試問其情之何屬則茫然莫識也無亦重負此詩志耶志不得則固始大義皆為無端之感而試問其旨之何歸則惘然莫辨也斯亦何煩我說即獨是志之得之也亦難矣今夫勞人思婦感

卿傳草

時而寓其憂思志之所托然然有正言之不足而婉以言之直言之不言而曲為言之此固非拘牽者所能得矣忠臣孝子遭變而鳴其不遇志有難白忠愛之至反激于怨誹惻怛之極反涉于譏諷此又非固執者所能得若是者果何術以得之必也其以意逆之乎一大事當無可如何之會在古人亦難顯告于後人試為設身以處為原其時度其勢務使古人之隱衷可動諸天地可質諸鬼神而不可以直陳諸君親者撫心飲泣之餘隱隱乎有默相來既斯亦曠千秋而知已也已情值不啻己之際在古人亦欲見諒于後人試為易地以觀為原其始要其終務使古人之幽懷無愧于幽獨無慙于聖賢而不

可以求孚于庸衆者感嘆悲傷之餘隱々者有與相持贈斯亦起興焉
代而同心者矣由是觀草蟲之什得其君子之久役在外也誦黍離
之篇得其宗周之丘墟是憫也蓋世雖有殊而情可相通喜怒哀樂
之感凡有情者所皆同也一遂擬之而關雎以下殷武以上其志無
不昭然而若揭矣且味凱風之章得其七子之負罪引慝也得小弁
之怨得其宜臼之哀痛慘怛也蓋人同此心心同此性仁義忠孝之
懷凡有性者靡弗知也一微會之則雖南陔無文白華無句其志亦
覺顯然而可喻矣以意逆志是為得之說詩之法如此子奈何以北
山之詩為匠父証耶

先出得字翻說志难得工比然後出題來路得勢中比正寫
題面來後又透發詩小得之之故次第井然

卿傳阜

以意逆志是為得之

能得詩之志者、可與說詩矣、甚矣詩之志難明也、然以意逆之、又、[illegible]
往往而不得乎、且夫古人處千載之上、勢難留其身與後人相告語、則
往往有莫白之隱、然亦無慮其莫白也、蓋惟積纍寤寐以尋求、而當日
之隱衷直堪共傾、則謂古人之知己可也、不以文害辭、不以辭害志、
將何道以得之耶、孰一偏之見、漫謂古人之神明吾盡窺之而無遺、
究其所窺者約畧焉而已、未可以為得也、特半解之識、輒謂古人之
著述吾悉領之而無間、要其所領者粗迹焉而已、未必真有得也、誠
欲得之、斷非以意逆志不可、逆也者、曲揣之謂也、彼古人處莫可如
何之際、每有其事如此、其心未必如此、於是托物以寓之、比類以喻

之一時之纏綿悱惻直欲告訴而無由我惟曲以相攜久之而乃恍然悟曰卓哉古人之志誠無他也向非逆之不幾湮沒弗彰歟逆也者力探之之謂也彼古人具不能自已之情每有心欲如是而勢不能如是於是咨嗟以致之涕泣以將之一時之幽愁鬱抑幾欲抱恨以終身我惟力以相探未幾而乃悠然會曰偉哉古人之志洵若揭也向非逆之不且曖昧弗明歟然則古人有知亦將慰藉于九京矣蓋當日之孫行厥志一家非之一國非之夫誰諒其苦衷茲獨畧迹而原心乃得表暴于天下則雖曰曠世乎直不啻同堂矣快何如也抑後人論世亦無恨古人不見我矣蓋當日之立志皎然天地可鬼神可質外此皆謗議交加今特設身以處地不勝慷慨而悲歌則

豈惟古人賴有我我即我且幸交古人矣樂奚似也自非然者總總然以辭為據其不為古人愚者幾何

暢發逆志亦頗淋漓盡致

兄弟也
婦人而以兄弟著焉因其夫而及之也夫婦人而有以承周其常也
獨異其為彌子之妻與子路之妻耳昔孔子之皇々而適衛也為君
臣也其主顏讐由也為朋友也即子路之從孔子遊也為師弟也乃
義非君臣情非朋友分非師弟如彌子與子路者豈非大不相合者
哉然彌子々路雖不同途而其妻則有同情也蓋兄弟也噫兄弟也
而一為彌子之妻一為子路之妻乎以其夫而言則一正一邪不惟
子路不與彌子謀即彌子亦未必與子路謀然以其妻而言則為々
為弟不惟彌子之妻不能忘情于子路之妻即子路之妻亦必不能
忘情于彌子之妻從來男子之為兄弟者往々自合而及離而女子

之為兄弟者往往雖離而甚合則弥子之妻與子路之妻吾知其于歸之後不能已于聘問之殷頻也從來男子有妻恒因而闊隔其兄弟而女子有兄弟恒因而和恊其君子則弥子之妻與子路之妻吾知其結褵之後且不止于兄弟之縫綣也兄弟而皆賢與則妻弥子者深嘆之子之無良妻子路者甚幸終身之有恃憂者憂而喜者喜諒亦勢之必然者矣兄弟而或未賢歟則妻弥子者樂室家之光寵妻子路者歎貧窶之難堪戚者戚而憤者憤又為情之必有者矣離兄同居志不同行則凡女之為兄與為弟者有定數焉以作之合而非人所能為御譚嘉耦偕屬有和独至此之為兄與々弟者若殊遇焉以顯其親而併非已所得主也諸姑而及伯姊則兄也室居其兄

而妻子路與彌子者吾亦不知其誰爲兄也古帝乙而稱歸妹則弟也寔居其後而妻子路與彌子者吾亦不知其誰爲兄也但誌之曰兄弟則子路與彌子雖一薰一蕕乎蓋亦有姻婭之誼云

兄弟也　　于旻

婦人而以兄弟著焉因其夫而及之也〻〻人而亦兄弟固其常也獨異其爲彌子之妻與子路之妻耳昔孔子之皇〻而遑衛也爲君臣也其主顏讐由也爲朋友也即子路之從孔子遊也爲師弟也乃義非君臣情非朋友分非師弟如彌子與子路者豈非夫不相合也哉然彌子〻路雖不同途而其妻則有同情也蓋兄弟也噫兄弟也而一爲彌〻之妻一爲子路之妻乎以其夫而言則一正一邪路不與彌子謀即彌子亦未以與子路謀然以其妻而言則爲兄弟不惟彌子之妻不能忘情于子路之妻即子路之妻亦必不〻忘

情于彌子之妻從來男子之爲兄弟者往〻自合之而離而女〻之
爲兄弟者往〻雖離而甚合則彌子之妻與子路之妻吾知其于男
之後不能已于聘問之殷煩也從來男子有妻恒因而間隔其〻〻
而女子有兄弟因而和協其君子則彌子之妻與子路之妻吾知其
結禱之後且不止于兄弟之繾綣也兄弟而偕賢歟則妻彌子者深
深歎之子之無良妻子路者甚幸終身之有恃憂者憂而喜者喜諒
亦勢之必然者矣兄弟而或未賢歟則妻彌子者樂至家〻之光寵妻
子路者嘆貧窶之難堪感者感而憤〻 [illegible]
兄同而志不同〻 [illegible]

所能爲耶譯嘉　有印獨此之爲兄與爲弟者老洙男

顯其奇而併非已所得主問諸姑而　好求己也實居六分而

妻子路與妻彌子者吾亦不知其誰爲兄也古帝乙而稱歸妹則

弟也實居其後而妻子路與妻彌子者吾亦不知其誰爲弟也但謂

之曰兄弟子路與彌子雖一薰一蕕蓋亦有姻婭之義誼云

文情飛動運筆生妍處處激射本旨尤覺雋永　朱奭一

俗題却有一種雅情雋筆點綴鮮華而輕秀之致固在

兄弟也

李昂霄

妻而兄弟也親莫親於此矣夫親莫兄弟若也子路與彌子之妻有然
孟子殆以為至衛之証乎且夫人之親者不獨同姓也蓋亦有外戚之
屬焉故前屬外戚則因親以及其親亦未始非情之所甚摯哉如彌子
之妻與子路之妻是已夫彌子之與子路志不相合也而其妻豈必出
于一本且彌子之與子路志不相謀也而其妻豈必出于同氣而熟知
其為兄弟者乎從來女子之有兄弟也與丈夫異丈夫之有兄弟善則
相勸過則相規終身無復離合之跡若女子則不過明女紅談閨閫事
耳初何知有手足之恩則雖為兄弟知亦何足道哉況乎一為彌子之

妻不免有嬖倖之辱一為子路之妻不勝其得人之幸則兄笑其弟者
有之弟笑其兄者有之何必論其孰為兄而孰為弟耶而吾茲必及之
者誠自有說也人各有其情既為兄弟則方其出入必偕之時偕々間
行閨為情之所必至人亦不遠于情既為兄弟則當其百兩既將之候
持踵而泣亦其情之所不容已惟其為兄弟故敬戒之訓出于母不命
必厚其兄而薄其弟惟其為兄弟故婚媾之間必配其賢不必愛其弟
而恩其兄且惟其為兄弟故遴彌子者不啻諱公之維私惟其為兄弟
故適子路者不至為父母之貽懼夫女子眷襄々弟之情倍篤惟自結
禱于歸而從父踈話言則彌子
侍母
有兄弟遠伸

氏子也詎其爲我達情素焉

彌子

婦人多情兄弟之恩更摯惟自摽梅迨吉之後天各一方則子路之妻得毋私告子路曰吾有兄弟適大夫家也尚其爲我尊慇懃焉吾知子路必曰唯唯果也他日子路至衛彌子不勝欣然色動曰主我乎主我乎彌其不我遐棄焉可也

四飯缺適秦

歲覆入惠安
縣學六名 汪元亨

繼三飯而遠者其名與地皆可考焉夫魯之有四飯由來舊矣而職是官者則有缺能不因諸伶之去而於秦是適哉慨自西方之好音不作則秦雖夙號雄封而僻陋在戎誰興樂土之思不意我魯之伶官有因僚屬之既去而懷抱其器鬱鬱遠西土者蓋又未嘗無人也如魯哀之季有繼亞飯三飯而起者則四飯之缺是頒余聞天子始有四飯以樂侑食而魯侯國也則惟三飯之已何以有四飯哉蓋自元公佐武定天下夾輔周室始得賜天子禮樂魯于是有四飯遐想其時太師職於上四飯與三飯亞飯佐於下各

精於素習而不至失序猗歟休哉何道之隆也流及既衰官懸失
次律呂多愆三飯以上既相頡而起缺即鬱々居此亦何為者盖
自是魯之廷幾（漠然）無侑食之官矣獨是何往而不可豈必於秦是適
哉為缺計者曷不東浮渤海與太師共域棲遲堪賡同調乎曷不
南遊荆楚與亞飯相為追隨合操南音乎即不然下蔡雖阽危而
彼都猶可托曷不與三飯相為步武並寄嘯歌乎而乃獨於秦是
適也缺也得無意哉夫以秦之僻處西陲也會盟不齒而終南雍
隴為（音節悲壯）天地之隩區度不乏一二賢人君子相與審音聲隨唱和也
西方其可居乎缺將從此逝矣策駉々之壯馬而若慕樂鄭我魯

之君聞之應有食不下咽者歟以秦之圖伯中原也狎主齊盟而車轔駟驖為王氣之所鍾迄於今一二執籥秉翟猶與望而方想彼美也而土其可服乎缺蓋從此行矣載駸駸之四牡而西垧嬴秦苟魯之君思之得無每飯不忘者歟嗟乎世道際昌明之運維彼四飯之官固與諸伶倫羣聚一堂各司其職以鳴豫休美而今已難望矣還顧魯廷之上宗工既長往曹部虛無人缺即獨守一官長留而不去能挽太師諸人之轍乎勢必不能此缺所以甘于秦是適云

發思古之幽情清新婉麗逸興高騫

四飯缺適秦鼓方叔入於河

翁霔霖

終。舉魯伶之所適、奋已逮入河者之駕矣、夫缺之適秦、猶之太師諸人也、惟其然、而方叔愈不能長留矣、故又先記其所入也、耶且昔夫子之周流也。西、行、不、到、於、秦。知、此、邦、之、不、可、懷。蓋、幾、與、臨、河、返、駕、等、也。乃有飄然去國。長往不顧。溯其迹若以繼乎避地之終。而論其意。遂。以。開。乎。逃。人、之。始。自。太。師。以。至。二。飯。既。各。有。所。適如此。斯時也。望。羈。旅。之。河。山。半。皆。異。地。撫。盛。時。之。鐘。鼓。俱。在。空。懸。所。孑。然。侑。食。于。其。際。者。惟。有。一。四。飯。二。四。飯。者。誰。則。缺。正。其。人。也。今、夫、君。子。之。處。宗。國。也。每。當。群。賢。共。遯。之。時。而。自。念。其。身。不。可。去。往。往。孤。蹤。之。寄。以。爲。碩果之存而且使未去者亦有所觀望以遲留旦夕而不至致慨夫俟河之清人壽幾何也缺雖賤官豈其未聞此義然而缺於此正難以爲情也不醉無歸豈盡聽樂而卧而當食有歎遂爲用晦而行其有所適也無異于心師與干繚也其適於秦也無異于齊與楚蔡也過崤函而問樂俗傳擊甕之歌向板屋以陳詩人有小戎之味君子觀夫缺之在秦未嘗不瞻望魯庭而增寥落之感也雖然魯伶之韜葉以行也豈獨四飯之終有所適哉蓋其時奏鼓之官又已非舊矣夫鼓以君樂則揚氣宣音原不同于四飯之僅居其末而叔亦伶工則審幾觀變實發因乎四飯之遂決乎其行蓋至一望長河洋洋無際

而淵淵作金石聲者時上下于其間河以內幾疑以爲聲從何來焉而不知皆方叔去魯之後所操音而寫其離鄉之感者也然則方叔之入視河視缺之適秦其適跡爲較密矣然嘗讀禹貢所載至于西河者會于渭汭渭秦地也龍門積石之下一葦可杭將與之翹首宗邦對該往事故人其猶未遠乎又安知方叔之意中不發設是想而其繼適秦而有所入者乃獨先在水一方也

出

不惟于井者聖人所以為孝也夫舜幾死於井矣而何以竟出焉舜保其身也至矣且夫天聖人維持保護而欲全其身也舊矣不知聖人固有所以自愛者愛其身乃即所以愛其親而世不察以為天使之然而非聖人之自為亦已過矣焚廩不已又使浚井瞍以自上而下其勢易致登高復繼以臨深自內而外其勢難則入井豈必其不濡而舜竟出焉是孰使之然哉將歸之造物乎造物不有歸之太空太空冥冥耳吾以為舜自出也蓋吾之身父母所留遺之身也父兮生我母兮鞠我毀傷且不敢而況使而不得其死非所以為孝也吾

之身又父母所嗣續之身也閱世生人閱人成世與為不孝而況使吾身不獲其死豈所以為子乎臨難無苟免庸詎知有臨難而不庸以不免者則此一出也固出于吾身之不能已者耳殺身以成仁而孰知全身乃所以為仁也則此一出也亦出于吾身之所自安者耳乾吾父坤吾母父母即吾天地又安得而不出存吾順沒吾寧順寧還諸父母又烏忍而不出蓋親闈極而親之日短矣茍不顧堂上之人而死于井中則已非順全之孝矣況身沒于前親傷于後返之本衷愈增惕怛耳從命非孝則死之節輕耳茍不念晨昏之期而泥于井中則已非歸全之孝矣況生不能諭之以道死又成殺子之名據

諸倫理其能即安乎故舜之出也盡乎人心而已合乎天心舜之出也盡乎子道而亦通乎帝眷當是時舜之不死其間不能容髮亦已危矣

實發舜之所以出之故語語從至性中流出情理並到

出門如見大賓使民如承大祭

心一於敬者、隨地而皆呈其象焉、夫大賓大祭、豈容不敬、出門使民、則非其地矣、然而無其事、可無其心乎、今夫以心造境而以境警心者、吾儒所以防意念之外馳、而即所以歛神明之而內慤也、蓋必待有形而竦惕、則無形之縱肆已多、審以治心者、固已統甚、居動靜之全而無乎不肅、子問仁、亦知夫仁者固息息存其心之謂乎、不必妄交於物、而一端不謹、即足以累本體之清明、故得主有常地、何別乎重輕、事何分乎鉅細、亦豈寂守於虛、而一息不嚴、即足以敗純脩之有素、故主無適、綱目而無非師保、臨事而常

如此說來如見如承方不是勉強粘著之匠者然具眼人識之何一筆

帝天必也一出門而如見大賓焉必也一使民而如承大祭焉
常跬步之傾何遽掉之以輕心及與遊之冠裳畢集玉帛交錯之場
遂覺登降儀文倍深其鄭重而持心者正不分兩地焉且非必儼
設一大賓以悚惶其志慮也無窮之謹恪不隨步履而漸疎即其
有與爲拜送拜迎者而不必更頓改乎其度矣蓋至見大賓也太
此心出門也亦此心今而後持心之不息可知矣居高臨下之際時
何遽施之以慢易及與之進俎豆薦馨鼓鐘迭奏之會自覺捧盈
執玉彌致其寅恭而將心者直視爲一事焉且非必預擬一大祭
以震動其神明也無限之恪恭不緣指麾而稍懈即真有與爲告

虔告潔者。而無容更肅乎其容矣。蓋至承大祭也。此心。使民也。亦此心。今而後持心之無怠也。可知矣。夫以事小而忽。勢重而浮。惟一任其自然。此際有何怠惮。曰。如見斯無不見矣。曰。如承斯無不承矣。一心之內。爲地無多。而周旋惕志夙夜畏威。時有一君卿天祖在其意中。則寤寐之閑。存何時不容。則拂以典孰謂董而嚴禮隆而慎惟因時而警切。此生亦復有幾。曰。如見即不見亦見矣。曰。如承即不承。亦承矣。方寸之中。豈容兩用。而舉不違民。畏可畏直歸諸寅賓畏遂已微。格祖。而無歧視。則隱微之深造。何地不精。則孰謂敬之可少存〻之可不容哉。象非假設。攝之以虛心。不徒存。徵之於實體立而

乃可行矣

慕廬先生評云批三一字警、文云能寫出謹飭之旨以應以胖

紛安家周旋中謹身象然細膩之緣不免呆煩瑣公於諸節

文乃掃除一切無一句可餘綴作凝簡之筆無遺纖悉不令寬綽惟之

之之

冉伯牛仲　冉有

冉氏三賢後先輝映矣夫耕也雍也求也皆冉氏才也尷到吾宣
言語並傳甚哉聖門之多賢也其平居論道濟濟者不可勝紀乃
彼曠野或為德行殿或為政事冠亦偕出言有章輩見稱於後然最
著者顏閔而外厥惟冉氏一門冉伯牛皆生平不概見大抵嫮修是
尚非退縮者流也記者稱其善言德行往多才恐瞠乎其後矣
伯牛外無人乎有仲弓仲弓不傍人也南面之使視為宰之選其度
量相越豈不遠哉噫二賢若此不特上追顏閔而且下勝子賜也矣
宰我能言而行不逮比說道而力不足者大概相似然其時[illegible]

語著至多言之中絕糧之日以楚師免孔子者子貢力也然此十六去
牛雖以德行聞若夫抱經世畧誰與政事者夷考其時惟冉有夫冉
有固與伯牛仲弓同族者也觀清之戰偏師取勝比仕齊之宰我使
越之子貢功烈何如維時子西語昭王〻〻　國有如冉有者
蓋甚畏之矣夫冉氏之多才固如此嗟乎自夫子息陬返駕回首與
難諸賢皆離散而不復聚伯牛早殞仲弓歸隱求亦仕在權門以視
宰我子貢諸人無一在門者不獨尼山片席俯仰生悲即冉氏
亦後先散失零落矣

倣龍門合傳法敘次有神煙波乍盡

冉伯牛　　丙辰　何師式　大中

德雖隱而名彰、特惜其所遇尤窮也、夫伯牛之德隱矣、而即此以斷閔則無隱不彰也、其如抱疾而死何哉、且夫人有寂然所傳而甘實足以傳則固無憾其不傳也、然而君子猶深悲之者則以其生不偶而其澂獨奇以不求表見之身得禍尤酷幾天（疑）之報施善人或爽也吾於顏閔之次得一人焉曰冉伯牛、求之於德行也何其實至者名必歸而伯牛則聲迹寂如也、追牖下長辭而泉路茫茫、誰復銘遺徽于金石、知弟莫若師、而伯牛獨揄揚不及也、即執手叮嚀而餘情戀戀、亦難以片語概生平、不知盛德之貌若愚闇淡衣冠内含

章美而潛德之光必發落穆姓氏倍永馨香故夫伯牛之為人未滿
王佐之號未著孝子之名而德盛則無徵亦不信堪躋顏閔之亞也
里居奚在父老奚傳年齒幾何遺文莫紀而行成則晦而彌彰奕禩
同堂之上意其修禮以耕即命名之意敦行之思然而司馬多
憂未稱同德則知其履患難而不憂不懼實由其勤闇修而不愧不
作也或者伯雖為兄則一門之內有比德之英然而冉氏多才交相
讓行則知其學可亢宗無愧爭長兄之望而苟其世無聖人不告
弟子之烈也然吾國之有感焉豪傑鋒鍔太露易來造物之忌
牛之精華內歛復何忝于厚德之載福而始則人閒以兵繼之

以疾何遇之蹇也一日之訣悲深七日之窮淚沾戶牖誰能吟太息之忘情哉即聖賢夭壽不貳萬無延年之想然伯牛雖享祚囿于易簀而正斃而既悵存也何順并疑沒也何寧于命之爽之呼痛甚夫人之慟疾淶膏肓將何自招魂于升屋哉蓋自弦歌声轍之日伯牛獨何懷何病之意而不發一言迨夫幽明既隔以來夫子且長憶視疾之時而不堪回首顏閔冉伯牛又亡子蓋漠然無所向矣九原有知應亦憐子之煢独也

平時無事可演與難言可述止就有疾一端寫實追虛含蓄悲涼听辭欲泣 原評

冉伯牛仲弓

徐祖澄

冉猶德行於冉氏一門之粹詣也夫伯牛固冉氏之雋而仲弓即其族屬也並列于德行之科不稍足係聖思哉昔記者序次與難諸賢顏氏子首以德行稱纔得習乎亞之斯已盛矣乃去又盛者不惟合兩氏以呈奇更可攬一門以蓄美豈非宇內休嘉之聚歟要亦我夫子所陶冶而成之者也則以述之數矣冉氏冉氏者何一為伯牛一為仲弓夫伯牛自從學以來函丈提撕之語間人勸勉之詞曾論弗詳意其為人亦如仲弓之重厚簡默故少所表見歟要其德之備而行之純洵足步顏閔之後歷為冉氏諸昆導之

先焉不止中都作宰羽翼我夫子已也且夫華太和于一姓詩出（提頓整暇有度）

者固足揚芳而鍾淑氣于一家接踵者尤堪媲美彼夫曾氏來遊

英毅世紹孟孫學禮華胄聯鑣矣而將異而遇不同則不與列焉（開宕以領其氣文情搖曳）

耕也賢危言正行雖羅七日之災不輟咏歌之樂豈不可遺世獨

立哉然而得仲弓而名益彰矣蓋其學邃于為仁才優于南面魯（興會飆舉超振起有骨越有力）

多君子斯其選也非所謂德修罔覺行成不毀者耶抑吾門之兄

弟之次如雁行然惟耕與雍此則伯之徒則仲之幾洽壎篪之並

奏華鄂之相輝者良足異也始弗深考論其趾遊洙泗間儀乎

（切定本位復合章旨華采駢儷兼備）

以二難可併者樹媺修于匡居聚順之時亦居然以競爽可風者

標榜諸于患難追隨之際亟于鄉党推闕里之三良次於顏閔許
組織成文
杏壇之四聖宜哉夫子追維陳蔡穆然遐思益勝此兩人不置也
哉嗟乎披文入廟已難邀睨于山川執手沾襟旋且興歎於茅莒
品題不及刪皇彩飛騰雖借藻思並美驚下
耕也屬冉氏之莫早弱一个焉而雍也煢煢寡儔亦遂以家臣老
矣孔氏之門尚有兩人之跡否耶悲夫
浩且跡且長
以单行化排偶之迹手合闡展声光遠之 彭雲楣
幽光状采屋子之遺音亦蘭成之嗣響 碩静文
既雋既超亦哀亦艷如龍門之桐高百尺而無枝 曾鏡精
枯淡是寫以風神積宕古致纏綿意匠從史公合傳來 見蕭由

仕非爲貧也而有時乎爲貧娶妻非爲養也

大賢欲爲仕者通其權先即娶妻者論其正焉夫非爲貧則即爲貧而仕亦有時然耳如娶妻之非爲養不可先舉以爲証耶且事有非其心之所本然而出于勢之所偶然者唯爲之畧其勢而原其心則罕譬以喻而其所本然者早已昭昭而可証夫義既見乎其同則正可援之以爲例語必從乎其朔則仍欲爲之立其防君臣之際男女之間處其境者盖各有一定之意焉而非漫有所遷就爲也聞之禮人生四十而仕則仕也者固即絶乎三十有室之後而時非難得者亦念無所分者也俗之衰也見夫豪貴之家顧

原評緊紮挽兩非字最清不留中句拼剔出三喻正旨尤清他手

撇挽荒中句率書意牽合做出兩頭又字則婚宦雙擒法無賓主

吳甚矣理法之不可不講也

原評章合大雅

學院 甫田縣學一等第一名

學院　莆田縣學一等第一名

指氣使奉養甚隆者輒心焉艷之而奔走伺候之遂遂益家而益
工猶且曲爲之辭曰吾非爲養也乃爲貧也嗚呼夫仕也而爲貧
乎哉蓋君子之自待也世既我用則兩美必合自叶婚媾之求世
不我知則十年不字且同女子之貞此亦何待有所轉計也然吾
觀操守之士倖邀斗糈欣然色喜識者疑其躁進矣卒之濇汸洮
志棄功名如脫屣旁觀始恍然于前此之有故者豈非其時使之
然乎豈非其時使之然乎則甚矣有時爲貧之義誠堪兼權而並
計而益信仕非爲貧之說之無以易于此也而如曰皆爲貧而已
矣則是家無升斗安能高語于樂饑室有鼎鐘何恤貽譏于肉食

原評波折分明他手只瘦弱

首句題之神致隱矣

原評顯氣渾淪此所謂不傾纏

前而自合

原評一噴一醒

原評一噴一醒

原評帆頓湘轉動

合自然

貧乃士之常胡乃縈心利祿頓喪初心真視吾儒之委質不啻妾婦之從人矣惜乎無以娶妻非為養之意告之者今夫茅茹之連

原評　迅如鷹隼之下擊　原評　筆力有

蘋藻之薦比乎其類也三升之典三加之文同乎其儀也而治國

長江秋注之勢

齊家之理又未嘗不殊途而同歸也古先王之行娶妻之禮也為之納采納幣為之請期告廟以故家室和平人欣內助焉

原評　轉上啟下

之家笄珈偕老決不至以井臼之操勞及室人即至四壁蕭然一

句仍是上句歸結法密而氣益駿健以辭筆貴之深也

貧至此而怨游女之無媒思美人而承欲見承祧似續其意念有獨深者倘其唯酒食之是議遂百兩以相迎謂是以畢娶妻者之願乎哉殆非也然吾因之有感矣讀詩至終窶且貧室人交謫之

原評　此亦人所同有妙在有

興會

章○而知為貧而仕者○雖仕而難免于貧○將不大用于吾君○並不見養于妻子矣○要之情有專屬○義可相通○即如妻之非為養○以証仕之非為貧○豈不大彰明較著也哉○原評○篇終樸混茫不然豈其娶妻必齊之姜○豈其娶妻必宋之子○彼嘯歌衡泌者○又何為甘長貧而不仕也○

紀太宗師原評

因方為珪遇圓成璧有此文始不負此題行文亦清和廉折洗盡箏琶

仕則慕君

閏三月初六日會課

轉所慕於君心又為仕所奪矣夫既已仕則不能不慕君矣但仕既慕君寧復知有父母也哉若謂求忠臣必于孝子之門則為人子者即移事親之心以事君亦情之必然也獨無如孺慕之心猶為父母之心一旦馳情仕路而此心即為君之心則明發有懷之念不且因仕而俱變耶吾因少艾妻子而進思夫仕此時婉兮孌兮非所急也而一念及于堯階舜陛亦惟是道明德立恒欲遭之于旦暮此時鼓瑟鼓琴非其宜也而一思及于股肱元首又惟是幼學壯行常若深之于寤寐仕矣仕則伊誰云慕乎析圭擔爵使我垂紳而正笏者非君而

北厓稿

誰分茅胙土使我衮衣而繡裳者舍君而誰若是則吾君洵可慕也慕之而君悅我則爵賞可以九遷而廟堂易以一遇計及于君之悅仕其慕之心安能忘故朝以慕君為念夕以慕君為念而二人色笑且置之於度外已慕之而君罷我則召對無嫌于越次而位望不至于淒涼念至于君之罷仕其慕之心更難已故出以慕君為懷入以慕君為懷而高堂有髮皆棄之於弗恤已罔極之親恩未報而即移其心以慕君仕者之心亦云忍矣夫父兮生我母兮鞠我恩何深也而一謫湛露覺父母之恩反淺而君之恩乃深膝下之瞻依方爲而遂使慕親不敵慕君仕者之忘抑何刻也夫無父何怙無母何恃情最親也而一膺天祿覺父

母之情反踈而君之情較親雖王事靡盬不遑將父亦作忠之極則也而孰知人子之心于此已大異焉即事君如親憂我父母尤孝治之急務也而孰知人子之念于父母久已漠然焉仕則慕君甚矣仕之足以移人也迴憶依依之膝下曾幾何時而少艾奪之妻子奪之今何不幸而慕君又奪之此人子所以不皆孝子也

慕君常是慕父母事此孟退人情因物異遷處題情

不失毛釐

仕則慕君不得於君則熱中

下杜試

慕君而至於熱中、心、又、爲仕所奪矣、夫仕固無不欲以得君也、不得
則熱中、心不又爲仕所奪耶、若謂論者謂求忠臣于孝子之家事君
者卽移慕親之心以慕君亦人情之必然也獨無如孺慕之誠猶
父母之心乃一旦馳情仕宦而患得患失往來意中而不能忘而有
懷之心不且因仕而與變耶吾因少艾妻子而進思夫仕者此時婉
兮孌兮非所急也而一念及于堯階舜陛卽不必道明德立恒欲遭
之于旦暮此時鼓瑟鼓琴非其宜也而一思及于股肱元首亦惟幼
學壯行常若深之于鄉寨仕矣仕則云誰云慕乎析圭擔爵使我垂

北屋稿

紳而正笏者非君而誰胙茅分土使我衮衣而繡裳者舍君而誰爭
吾君洵可慕也慕之而君悅我而爵賞可以九遷慕之而君不悅我
而廟堂雖以一遇計及于悅不悅則此中之歎歎不啻湯火之交沸
慕之而君寵我而召對無嫌于越次慕之而君不寵我而投閒必至
於淒涼念及於寵不寵則此中之急急不啻秋陽之燥烈閨[illegible]之深
恩未報而即移其心以慕君仕者之心亦云忍矣父兮生我毋兮鞠
我恩何深也父毋之恩乃一歌湛露覺父毋之恩淺而君之恩反深
膝下之瞻依甫離而遂使其心爲君之心仕者之心抑何刻也無父
何怙無毋何恃情何親也乃一膺天祿覺父毋之情踈而君之情較親

謂親也長也於人爲甚近而不知近也而至遠存焉吾一爲之懸揣焉事親孝而依豫已洽于家庭事長弟而遜讓遍于閭里止此一孝一弟已先盡乎良知良能之道而其餘可使矣慎毋謂親之長之於人爲甚易而不知易也而至難具焉吾一爲之研究焉行吾愛而愛莫大于親親行吾敬而敬莫大于長長畢盡愛盡敬之道達乎與知與能之道而其餘可知矣親其親長其長人人如是而天下自平

是作不失稚年真面目堪稱傑作

丘也聞有　一節　　董其昌

國家之計憂在內者得之也夫國家以無傾爲治也乃均安實爲之貧寡奚足患哉夫子責冉有意曰今世之謀臣策士往往訟分義規富強自謂能任國家之患哉不知此傾危之道非保世之碩畫也彼季氏者其患當何居焉丘聞之矣自有國家以來其山川土田各有經也其人民兆庶各有等也俾世世均安無相凌越也一失其溝洫患當有甚于寡者固深計之士所視爲無形之憂而不與寡同患也一失其安其患當有甚于貧者固遠慮之士所視爲不測之變而不與貧同患也是豈厚于臣主之交薄于子孫之利貽人以富庶之治

而使我無强〻之實哉蓋國家之福從和輯而生而均所以開其
也國家之禍以傾覆為極而安所以消其萌也世未有以知足之心
守財而見財之獨〻者世未有以一體之心馭衆而慮民之加少者
世未有以休戚之義相因而致宗祀之不兩存者均其無貧乎而
有所以為均也何寡之足患安其無傾乎而無傾乃所以長守富也
何貧之足患哉古之善用患者蓋以此藉以傾覆之患而置諸貧寡
之下則害之所集也釋均安之義而求無寡無貧之策則利之所去
也此乃季氏所為子孫憂也豈不悖哉
前半兩中藏三後半三融依兩于毋相呼則參差絶迹然竊謂得

力處更在敘述舊聞先從患不均逆穿出不患寡使下截已了然
在目步〻以均安統貫皆成一綫也。通文兩喚國家不脫首句
何屺瞻

丘也聞有　安之　吳居安

為伐遠者述所聞、内外均有以治之焉、蓋不均不安、固非所以正内、而不能修德安來、亦豈所以服外、子故為有國家者備述之、且夫安上全下者治内之經、招携懷遠者治外之道、然未有治外而不本於治内者也、何也、内者外之基也、朝廷有傾覆之憂、而欲使四方有來附之情、必不能矣、堂廉無和平之福、而謂遐壤有安寧之勢、誰則信之、乃季氏必汲汲焉求服遠人者、無他、貧寡之患中之也、不知國家之所當患者、唯在不均不安耳、苟邑邑貧寡之是患、何居、况自來之前聞也、非矯也、蓋均者和之所自來、而安即均與和之所由致也、多與少相準、則疑忌不生、恩與義相維、則釁隙不興、所以免貧寡是道、

節上下即落上文

也所以俾無傾者是道也即所以服遠人者亦莫非是道也而乃有不來者抑又何也則仍未能修德以安之故自古有虞稱風動之世乃苗民弗服而必競乎干羽之是舞崇侯實負固之人乃三旬誕降未嘗治乎甲兵之微事豈非以修德為服遠之至計而綏安實懷來之良策哉是知有國家者不可無治之之經亦不可無治外之道有治內以開其始則招攜懷遠之本已立有治外以要其終則安上全下之閫益固丘之所關如此誠有國有家者之龜鑑也李氏亦嘗聞之否

主司城貞子為陳侯周臣

歲入惠安縣學二名 何士錦

觀聖人之所主、即處變亦必擇其人焉、夫貞子固宋賢大夫、亦即陳之臣者也、孔子主之、於處變不又得其人乎、昔孔子至衛○舍於讐由○是其所主○已居然賢大夫也○然處常固守其正○即當變故之來○亦必擇賢豪而信宿○此以見聖人於當阨○猶有不敢輕焉者○夫時而當阨○存亡定于俄頃○死生決于須臾○將鋌而走險○急何能擇○竊恐倉皇失措○即欲求厥棲身○已難得其所○遑計及端人正士○而始為之主哉○乃考其時○孔子則以主司城貞子特聞○且夫貞子○胡為而係以司城哉○吾聞之○典樂者以氏○典牧者表以官○且也晉以

踰筆為主字設難

僖侯而廢司徒陳以司敗而諱司寇茲之貞子而以司城係者殆猶斯意耶雖然貞子固宋之大夫亦即陳之臣者也或曰先仕宋而後仕陳或曰先仕陳而後仕宋姑不具論第論其人謚之曰貞則非等乎邪僻趨媚之流名之曰臣又非比乎巧佞逢迎之輩卓卓乎平守正不阿堅貞自矢孔子所由至其家而主之也頫吾於孔子之至有獨異者焉居恒而謀旅次之安則其情暇暇則審於決擇其有失所托者寡矣所患者在乎倉卒之間未免稍易其操守也孔子安有易乎際流離困頓之况不於奸邪是依獨爰止於貞子之庭則此一主也是即以道相孚而不輕於稅駕者矣平昔

而求安身之地。則其神閒。閒則精於審慎。其必善所止焉宜也。所難者在乎急遽之時。未免頓變其志節也。孔子寧有變乎。當造次顛沛之頃。猶嚴比匪之傷。獨爰居於陳侯之臣。則此一主也。是亦以義自持而不妄於傳騶者矣。夫當阨時猶擇所主。況在齊衛無事之日。豈肯主癰疽侍人瘠環哉。

就貞字臣字對針癰疽侍人入後歸重當阨不苟所主應照獨

清

立天下之大本

以立本推至誠惟其能盡性也夫本者道之所從出也至誠為能立之非盡性之事哉且夫道之不一者安所出乎出于至一者而已矣然苟非在己之心純乎無累而欲嘗揣其至一之體以宰乎不一之紛者吾有以知其不能而豈所語于天下至誠彼其誠之至也既一欲之不留則必其性之盡也舉全體而皆備吾固知天下之至誠未嘗不恃有其本也然而至誠之于本何如也今夫本非私於一人而實公於天下嗜慾未形之始萬理胥會歸焉何其大也大而無以立之能保其不失乎至誠以不擾之神明靜叅于無物之地極其蘊之甚厚任古今參錯不齊之數而皆綜於其中則立之者裕也今夫本雖通乎天下而自盡於一

人情識未萌之先萬事胥托始焉又何大也大而有以立之豈慮其或斷聊至誠以無妄之本體悉絕乎幾微之間因是感而遂通舉人世往來百變之端不能出於其外則立之者全也立不於其多而於其少祗一本耳後此岐而為二潰而為萬以云多也而孰知其皆基之于少乎不于其少而于其多則後起之數矣試觀太極未分而兩儀四象不能早出而為功於天下不亦可恍然於立本之當先也哉而要非至誠亦莫有能焉耳立不於其虛而於其實祗一本耳而其中視於無形聽於無聲虛之至矣而抑知其體之而皆實乎不于其實而于其虛則杳冥之說矣試觀王道無為而禮樂刑政不能不與天下更始不亦可釋然於立本之有據也哉而要非至誠孰與見能焉耳而知化又可推矣

立天下之大本

原大本所由立至誠盡性之能事也夫本之未立亦性之未盡也性盡則本立矣非至誠其孰能之乎且中庸言道而本于性則知道之用無不周者正以性之體無不備也蓋天下之不一者日生而靡窮而吾性未盡遂疑此中鮮提握要之圖庸知不一者實有至一者以立其極得其一而不一者皆受裁而靡遺天下因以為肆應之原出乎此也是不得不復推至誠矣至誠不既經綸天下之大經乎夫大經其燦著者也至誠于燦著者全其功用即未燦著者備其神明此後起與最初之別也天下惟最初者為不窮則不必言大經也言大經之所托始焉可矣抑經綸其可見者也至誠於可見者昭其惇叙即於不可見者當其真醇此有為與無為之分也天下惟無為者為不匱則不必言經綸也言經綸之所取給焉可矣以思至誠又能立天下之大本焉本貞于一也一物亦形之始性無不安于各正追欲有以奪之而一者始淆遇事無以生其變化此非大本之為也不審所以立故也至誠則本吾性之清

明者而處之常湛焉任事物紛紜之投而終不淆吾無私之本體則其植立爲不遷矣夫而後蘊之於一心者散之即有以全乎萬彙謂非至簡而可以御繁歟本依于靜也萬物相見之初性亦無不洽于自然迨感有以搖之而靜者始擾接物無以見其會通此亦非大本之爲也不慎所以立故也至誠則本吾性之堅定者而守之常貞焉隨經權常變之數而終不搖吾至重之本原則其建立爲不撓矣夫而後藏之於一己者推之即有以應乎萬殊謂非立少而可以觀多歟論性之始命于天然在未賦之先本無可立也自既賦之後天即以一中之理備于至誠而無所遺故在學者必以致中徵立本之效而在至誠則以立本渾致中之名蓋窺其形則無端求其理則悉備也有莫測其功修之所存也已且性之發則爲情然在既發之後本又不及立也當未發之先至誠即有一和之理涵于此身而無所戾故在學者必以致和全立本之功而在至誠則以立本包致和之量蓋不用則與之皆藏有用則與之皆發也有莫窺其神明之所至也已此盡性之事也而至誠之至命又可得而言矣

與此頭靜字不貫

立則見其參　二句　任蘭枝

見

無間於存誠者。隨所在而若有見焉。夫忠信篤敬。原不俟言行見也。心存則理自得。又何間于立與在輿哉。語子張曰。天下之理。不出于言行。而必待言焉而始暢。行焉而始謹。則心之能存者幾何矣。是故君子之立誠也。未嘗以其時之所可忽。而任其心之有所弛。凡以為斯理之在我者。不可以不豫焉耳。若言行之忠信篤敬。其為致行之本如此。是其感通之故。固可以約而操。而要其體驗之。功不可以強而襲。何則萬籟之天初無或息。故言行之凡有時已。而忠信篤敬未嘗一日不在人心。理之本無所間者固如是也

○孝○而○川○上○率○泰○者○天○理○無○間○

而內外之應至不可欺故行言之發止一時而忠信篤敬未闌旦夕可以僞爲心之不容有間者又如是也是必持之以不懈之力而使吾之所妄無所肆者常昭然于動靜之際而身若與之接而目若與之謀參之于至一之中而使吾之爲有物爲有恒者初不分于久暫之時而于此焉可以相親于彼焉可以相通故夫立其偶焉者也一動作之微豈謂不可玩而吾之顧諟者存焉當其未立而所謂忠信篤敬者原未嘗往也則當其既立而所爲忠信篤敬者自不覺其來也夫獨不見有參于前者乎而何莫非是乎至在輿又其偶焉者也一行坐之頃豈謂不可離而吾之日習者存

焉未及在輿而所謂忠信篤敬者原挾以來也則既已在輿而所為忠信篤敬者且將隨以往也夫獨不見有倚于衡者乎而豈與我遠乎心思之用不得其所憑恒不無惝怳之患而一以忠信篤敬為之的則形與道俱既實有其持循之事即意景所生不止于其所恒不無紛馳之慮而但以參前倚衡定其位則日監在是又自有其近取之方蓋人無二心其參焉倚焉固即此見之者之自為著察而天機之所觸積之久而自親心無二理即為言行亦止率吾立與在輿者之所常然而實理之充周隨所施而使夫然後乃可以行不然則終不可行也夫君子之于言行先立其誠

而已矣○

其得力全在前半篇講得地位高以後一筆徑注如破竹勢節節從自然着手處　原評

必不得已而去　二段　喬之鼎　會課

而籌不得已之去以經行權者也夫去兵去食其能國乎不得已而去權道也不得已而二者先去聖人仍守經焉耳甚哉俗論之甚也薄仁義為迂圖指富強為實效彼蓋謂撤而守備廢而積貯國安所恃以為國哉夫聖人亦非有異乎人之言之也惟是時處萬難勢不而並為權衡乎本末重輕之數乃毅然去天下所不敢去而不疑如足食足兵子之論政詳矣由是道萬世無弊可也夫安有不得已哉子貢曰是必有不得已之時也依古無百年之治屢全盛者不過一再傳耳閱豐亨久而孽芽以生漸且訓練弛于宴安積貯耗于淫侈

尊親壞干文貌其不待去而已幾幾無乎不去者此亦盛極必衰之勢也處變無百全之計爲大畧者大率皆局外之談耳入事中而補苴立見召募多而財匱徵求急而心携雖仁讓而善無所恃以爲國其審所先去以庶幾乎猶有不去者此亦擇害取輕之意也乃子固有以審此矣我國家幸內恬外熙猶得燕笑從容暫弛武備然識者且以厝火積薪也而憂之況變故起一旦乎倉卒而具百萬吾勿以寶寡示人也慷慨而誓三軍吾將以義憤激衆也假而將卒惰窳器械朽鈍倉廩不幾爲盜糧歟驅忠勇之民徒手赴公家之難抑又知其難也於此三者何先其必非兵之謂而子貢曰去兵我國家不

幸籍賚伍空惟是生聚教訓漸圖恢復然議者猶以民天為急也而
先之況存亡係呼吸乎輸將溢于額外爾百姓暫與我共憂危也攖
括徧于國中我朝廷聊為爾延旦夕也儆而庚癸在山懸磬在室鄙
閭尚克有固志鮮強梧腹之民區區抱咫尺之義誰弗笑其愚也於
斯二者何先其必非食之謂而子則曰去食蓋聖人之謀國也論理
兼論勢理尚可為姑就其勢權之當三者僅有存之日而啇不得已
此猶其得已者也國有素飽之衆未糈利于戎弄士有豫附之心禮
義銘于干櫓較之冗冒以空累世之餘驕悍而釀不禅之氣不猶愈
與將歸于郭憂在內不在外卒歸于亂固以神不以形兵不可去而

可去也則先之以此聖人之謀國也論理不論勢勢無可為當就其理斷之當二者不並存之日而萬不得已此真萬不得已者也藩籬既撤深入者曾無後顧之虞與志將携羸粮者莫念祖宗之德欲使橫征以竣垂盡之膏恐辱而緩須臾之計庸有幸與易子而食漢泣可以明之析骸而炊從容可以就義食不可去而去也則先之以此總之賢者安不忘危必預窮濟困之略聖人變不失正終不為苟且之謀夫去兵猶可言也去食則有死而已矣自古皆有死民無信不立聖人所以為萬世存綱常也與

後幅頓挫可擬之少陵憂亂後詩。說到去食則以死守信可知亦二句不當畏死之枝耳對此不為從來之下五千年縱橫一筆畢讀史者之實感憤與筆墨俱飛

吳李院歲進錄取第四名 孟南金

母命之

母有所命有深望之情焉夫女教之責在母而嫁之時尤重也觀于行命不有深望之情
乎引詞意謂女子生長深閨其未受父訓之日少而入奉母儀之日多故親之施教于女也于
父緩之 母切焉御輪三周之下而母也有詞矣不同于餞面迎賓聽丈夫以立行於禮者
云女子之嫁也夫嫁之時其閨情爲最切而任責爲獨重都非母之尚相依于膝下嗜好性情
雖不敢從其行而皆可曲爲寬假今則無容寬假矣嫁也亦以懼此而婦日長女日遠之
時曰以守貞于未字言物行恒且未敢弛其質樸而皆可徐爲教誨者則急于教誨矣勸之
訓惟此女德方纏婦功伊始之際謂母也能已于命乎想女之于母聚首庭幃爲日亦已長
前此柔姿婉孌不深督責而至是皆重其提撕者非也蓋言乎時聽者輕母多計慮命
此日語者重而知行診段最教之公宮教之宗室久示以婦言婦德之宜而皆出親儀其心
與爲女處而爲女歸者不能徒望嫁衣布帛麥粟菜之能事矣抑母之于女如起居異地
相知有素矣豈前此溺情姑愛不預川漸而至是方深其語誡者非也蓋夙昔陳語之詳

而識患皆及今日許命促其要而命所服雖怨惕惠重以保母稱以安佛論而以其而無儀之
適而際此有而以御其為女堅而為女憂者又相極知慮揣繼等總珩議雜婦之且又知矣豈無
伯娣諸姑慶亟門有嫻而喜言相勸勉者豈君母和不知今日之有母即昔日之有女則夫宗
凜而適背本許素患者而傳之命者直擄虐淵受者儼同新獲河哉謂姑河哉御婦
若是命之親切哉豈無宜室宜家嫻內則之儀而不言若自喻者寧待命哉不知命之亦母
不然任功不命為母即將任適則夫津津相告惟秦其切要者而諫之聽者點首而不言而
者鄉備以梱詔宜家室宜家能舍是命而列圖之行於女子以順為正誡之詳以不可
已也孰知世之所謂丈夫者皆效此巾幗有也

清准 足人
翊中肆外質有其文方走岳
清新雅正秀質松風行月間 瑞祿社

另加六敗

民日遷善而不知為之者

王民與善決、若並忘其機焉、善蓋民而遷善、此必有為導其機者、而鞞鞞者、並忘其
機以相赴以相從也、則惟有日遷善已耳、且近世之民、君與民兩相迫、治世之民、君與民兩
相赴、迫固淺也、赴猶迹也、上世觀其意於君與民之心、而不見有赴之之迹、仍不覺
有迫之之神、則轉移之音窮於擬議、而其風已古、吾以之進觀不庸不怨之民、渾穆
之氣象最易疑於溺故而悍新、闢其境而翻然若異、此未盡天心之自格也、新故交
摩之介、郎洋洋乎為生其感奮亦騰民者、詔左持右挈而以為不得辭、醇悶之精神
常結、或將率性而寔情窮其際、而曉然以遠、亦安在狉獉之自轉乎性情、默邁之機
郎切切焉為進乎禮命、亦向化者詠前歆後舞、而以為有自來、然則民而還善其必
有為之者、故善之取繩經也、紆委拔致之、而浸漬浸淫、則奔以為之者之力、熟使加
而可借、則欲馭之情緒、而善之引伸者有時而遁、將有時而距矣、吾觀盛朝之丕
變也、佚明禋祀、神聖亦淡而不言、亦謳歌風愚賤、逐而叩而莫解、游焉息焉、絕爪獸、
以相嘗者、極歲月之遷流董戒、揺泊如也、日委拔於紆之之經、而一往淵穆、譽則為

之善之取數也博激勵趨之而若驅若驟則奔以聽為之者之權於使權必有待則淪浹之情不深而善之推挽者有時而竊得有時而縮矣吾觀元會之誠和也鐘虞賁鼓親習焉而莫名其旨飲食日用身安焉而不攖其美寔乎寔乎直淪浹于其素者乘時事為還轉輔翼寵何迹哉日激勸于博之之數而援偶渾忘誰則為之且夫作息自如者王民之常也按以驗得則驚駭而不居馴以自新則參寥而去化而於日之流連于善者夫固其實麻之其而安有飾偽之苦也善之與愈闇還之見愈渾久之而遠還其故我矣謂得膠其感應也哉而變動不拘者遷善之說也曲有於就則桁格生而民懼凡常恬以而為遣則意見駁而兼洽焉始而於民之優游于善於夫固其靈明之詔而安有匡直之文也遷之局愈橫善之味愈醇久之而遠順乎帝則矣更於揭以為持勝也哉噫乎太古無知識之條故康衢之謠防塞錄中材委聖主之器故郊遂之典亦虛名益惟日遷善而不知為之於斯真善也斯真皞皞也

筆之老辣

寫味悠吟
言言自遠

寫出使自得之光景不用破於一筆如於之娶如射之春直是元化自然流出

民日遷善而不知為之者　李紱

民知遷善而已、善之外不知也、夫民之善、非王者之為之耶、而何以
日遷焉而不知也、其斯為王者之民乎、今夫語至治者動曰無為、夫
無為豈可訓哉、亦上自見其為、民自見其無焉而已矣、使民見其有
為、而明明有一從上之迹、則其勢且不可以終日、又安能日與善相
遂、遂哉、王民之皞皞、非徒不怨其殺之也、有所自愛于殺之先者、而自
不蹈于殺、亦非徒不庸其利之也、有所自得于利之外者、而自不溺
于利、乃所謂善也、而其致此之故、吾則知之矣、王者之于民也、為之
宜六德以淑其心、為之明六行以齊其身、為之設六藝以習其事、

而又以善之不可無其地也為之黨序州序以居之善不可無所鼓
舞也為之車服以勸之為之寄棘以懸之其為之者蓋若是其樊然（兜荷）
（知乎一揆而快）（瀰性）（懿秩供有根抵）
而可知也而試問之當日之民則又奚知惟天生民厥有恒性夫寧
不知乎善也然亦知善焉而已至問其前有所導歟後有所迫歟其
亦何知歟惟民生厚因物有遷豈獨不知遷善也然亦知遷善焉而
已至問其有輔而立歟有翼而行歟其又安知歟朝廷之令中以月
（剝書日迂卯遺下節約各業昇）
而更閭閻之心思以日而變若王者遲之而民反速之世固有遲者
能為功于速者乎當亦民之所不能解也君之禮樂百年而後成民
之風聲一日而遞變若王者難之而民反易之世固有易者反借力

干難者乎當又民之所不及料也天下外至之理夫人而知其由來而茲非外至也日出而作日入而息以為吾民之徧德即在此日用飲食之間而已天下創獲之詣盡人而知其所以而斯非創獲也早而作焉夜而思焉以為吾民之興行原屬吾知能行習之常而已具加之也不驟故耳目不驚其動之也有常故心志皆熟斯民也即焉得而知之哉是故一日二日者帝德也維茲小民及者以就業之心與帝王爭宵旰之勤而共歎夫帝力之何有一日一周者天行也維茲小民及者以自強之力與上天合晝夜之運而相忘夫大造之無心嗟嗟為之者誰耶其神化一至此哉蓋至是而王者之功與天地

為徒知○

為〻二字先自前半透發後幅但從日迸彼剔而不知忘自醒力爭

上節一片心花頓化明珠萬斛

民日遷善　同流　吳華孫

王民遷善而不知化神一天地矣夫遷善而不知誰為正君子之過化存神者也同流天地不可想見其髯髯哉且夫王者在上而天下皆囿於不知中矣蓋其所以數化者有為而無為故其所以徵治者上蟠而下際此君與為民所為相忘而建業變紀也不怨不庸髯髯之民如是而君子之治猶未冬也靜而大降衆之運而綏動民之猷則於爰暢旌而無刑要於不殺禁造化成物之能而動發民之性則爰通鼓舞而美利溥於不言遐思乎聽說禮樂而敦詩書此大觀善俗也野呈髦士之名里著仁人之聯此固君子之躬為引翼牛欣而民

不知也不以為君相之啓迪而以為吾民之性情乎感遷善志之氣
過患乎聽崇禮讓而重名節其大都後民也日積日而有加善果善
而愈進此固君子之心為誘掖其欲而民不知也不以為教誨之業
陶而以為飲食之衆易乎觀感善民之矣禁令免其不至勸導并其
不知民生免乎不勞帝臣吏乎不識遷善而不知為之者在彰民安
於浩蕩之天在聖人忘乎甄陶之用鳴乎苟非君子孰能化神若是
乎想乎成周之方未嘗不為搆置迺乎康之治秦而遊蘇祗動於風
黎身之設歷而物潛移迄其化也設謂聖人在上大觀而化也懿乎
顯治之念不必見於經營迺移易之道感而漸康祗孫乃肯露志之

所勤而氣不虛存其神也所謂四方風動惟乃以治也而吾因俯而
觀俯而察惟天地以二氣之循環陰不變而陽不伏惟君子以一身
之動靜近其居而遠其德蕃庶夫天地之萬蕃風雨同一化之流而
已矣民戴之安而一元之默運時已行而物已生惟君子以一心之內
涵民咸安而蕃庶夫天地之易簡歸同一神之流而已矣嗟哉無
私澤聖人無私德寔無工其澤施之德地生之不息而民無爲之之
功至地不可名至功不可名生於時此然然光天化日之中而然無
可致之遠此民日以遷善而不知也而何然何當之至哉故曰皞皞也
續審以案後德化而澤文之比德於玉其

指示就題神韻恬雅不可雕飾具自然渾成之妙

第三十七冊　卷一一一

在下位不援上　阮朝蛟（元宿）

在下位不援上

阮朝蛟　元宿

千歲詔安一等一名

在下有道不援而道不遠矣夫援上欲以行道也然援焉而位已失矣在下者何顧焉且夫遇合之際斯道之大端也節苟不立道於何存故多材而抱戚戚之窮固在上者之責也淪落而存其進之心亦在下者之恥也蓋以身抱道則不得不以道律身位之所在不可誣也不陵下以其在上位故也然高而能降其情甚順所難者獨在下位耳明良喜起運自會有常期而如已雖遙偏老夔龍于邛塋則鬱抑牢騷不妨稍託焉以矜作合之奇戀旌束帛求賢豈無盛心而時運多舛交置師相于落托則感慨無聊不惜自炫焉以快一生之志

由是而枚上或亦情之所不禁乎雖然在下亦在有位也位在斯道在安得以在下而離之位在斯行在安得以外慕而頤之若是而援上斷斷不可詭隨逢迎之態賢者在所不爲特以抱負非常此身豈宜湮沒而遂有憐我之材者遂或一折爲以赴功名之會殊不知吾既在下矣草茅中豈無經綸奈何不自貴重自同少年之喜事矣乎吾觀古來名儒碩德其學問經術卓然人羣而卒蒙清議而莫之振者無他出處既苟其餘不能自贖也則何如淡然無求者之爲得乎富貴利達之遂傑士未能盡忘而或以出處偶同于此不容自外而遂以遠逢其會者致不失平生樹立而夤緣以誤干進之階殊不知

吾辱在下矣風塵中豈無物色奈何假手貴人妄思捷徑之易逸矣乎吾觀宇宙名士老成其推挽游揚無難立致乃至屏姻婭而并自絕者亦以進身不慎此外別無可觀耳則何如介然獨立者之爲是乎且無論失身匪人君子必且議其後也即或臨我上者號爲人宗而我以不得出大賢之門下而數數求合其累吏自不少也故四岳咸薦不聞歷山之側求爲先容一德數求誰覩莘野之旁學自請托毋論屈己狗人明主必且疑其心也即或我所援者相得甚歡而我以不待聘問之殷勤而輕自獻閒心亦覺多愧也故鹽梅造彼商家而良弼之賚必須夢卜爲物色我周室而尚父之烈必由後車蓋邀

世無悶乃見潛龍之吉否子未字何來女子之貞否則位之不素
而輕為願外則躁進之人而已其離道不亦遠哉
立意矜貴筆墨淋漓每讀唐文宗順宗諸臣傳不勝為之慨惜今
閱斯篇輒亦喟然　原評
語驚四座筆掃千軍煮青梅快論英雄應於君先屈一指
則有萬卷史籍筆無半點塵埃直拍陶菴之肩連大樽之袂真
大家真名士
以史証經持論精確而雷奔電激中仍有雲委波屬之致歐蘇〻
公氣味兼而有之　許老師評

在陳絕糧

周宗健

絕聖人之遭而乃有絕糧時焉夫曰絕糧厄已甚矣而乃自陳遭之遭之者故吾夫子也且昔夫子固嘗司寇于魯也迨其去魯之衛也致粟六萬猶然稱公養焉則予固安然旅食也不意去衛之後乃至于陳在陳之日而粮爲之絕東西南北之轍不能保此地之無虞而仕止久速之遭適合有一時之空匱亦惟是匪兕匪虎而朝夕之不及謀也即饘餬之戒不爲虛設與不饔不飧而附戶之不能出也即欲接淅以行其何可得與低徊客路而讐由已别無由知旅況之多艱向有異鄉而遽使未通來及稔故人之窮乏此

二句襯在陳　三句襯絕糧　短語中用虞字承接　使貫流通不滯　二段切去衛達陳　直敘極有風韻　想路愈出

時平居之蔬食已屬空談而顏氏之簞瓢幾為虛置脩殖之子難免此日之蕭條而雞黍之風不復丈人之款洽吁嗟乎宛丘泝着陽之下而爨火久虛僅傳夷齊之一餓叢粟亦尋常之物而釜庾莫繼空餘飲水之風家藉有斗筲之人過而笑之曰是魯孔丘與所稱食不厭精膾不厭細者而今乃嘗此窮途之苦也嘗亦夫子所不能解也更有老農老圃出而儆之曰是魯孔丘與夫固四體不勤五谷不分者而適宜償以今日之厄也當又夫子所不能解也

以雋筆寫題凄清之景其鮮妍如雨中草色水上桃花　周景文

有心哉擊磬乎

陳獻章

隱士於聖人、聞其樂而知其心也、夫聖人之心、未嘗忘天下也、荷蕢聞磬聲而知之、亦賢矣哉、（起講先提明題意後入荷蕢語氣）想吾夫子不得鳴道於天下而周流至衛、乃擊磬焉、斯何為哉、（通篇大意俱出都只是題中一心字）蓋以憂時之心寄諸磬、而欲天下之人聆磬聲而知其心耳、時荷蕢聞而嘆曰、有心哉擊磬乎、（入口氣）豈不以九音之作、由心而生者也、（是說殺局心相通使見所以開殺知心之哉喝有心）凡心之感、因樂之宣者也、今茲之磬胡為乎擊哉、（情有四句隨即明點心字為下二段地步）撫時感事、而慮周乎四海萬邦之大、畏天憫人、而寄情於一搏一擊之間、（閒）慨明王之不作、士之無心於得君也久矣、（將無心翻有心合）而即斯人之所擊者、徐而聽之、其聲淒以婉也、（虛字傳神）豈其觀廟堂之上而隱然（君民二）

有憂君之心矣乎當民生之日悴士之無心於斯世也亦久矣而即斯人之所擊者徐而挹之其聲哀以思也豈其觀閭閻之下而隱然有憂民之心矣乎擊磬於衛也心不止於磬也況〻憂世之志似有甚於悲歌感慨之音聲發於磬也心不止於磬也皇〻用世之情似不勝夫困窮拂鬱之致吾不意是人而有是心也亦不意是人而有是擊也吁身荷蕢而耳能聆其聲聆其聲而意能度其心可謂賢矣而卒不能心其心爲亦何貴於心之徒知也哉

此初聞磬聲時忽發此歎固是荷蕢之貪爲能聞声知心要亦圣人誠能動物此心自有以感人乎不知也此際荷蕢全不曾自出主張就磬声鈍耗不覺將圣人憂世熱心和盤托出然只是摹神会意乎哉字乎字流連光景倡歎出之自留得下文贬而一髮在

有荷蕢而　一句　趙炳

記過門者而微其稱以其終於一過而已夫孔氏之門豈無過而問焉者而獨傳一荷蕢哉意其人非荷蕢人也嘗曠觀千古名山大川之間往往多高人達士焉欲從而求之不可得乃亦有寄迹人境往来都邑間迨乎既去思其人邈不可得志所托之物以代姓名焉者若衛之荷蕢是已春秋間衛多君子考槃之君子善樂北門之君子多憂憂樂之甚詩以傳之然亦不傳其名也一旦于擊磬於衛乃傳有過孔氏之門者當是時門以內畏天而憫人者孔氏也浮泗濱而懸淇水者孔氏之磬也憂從中來依我磬聲者孔氏擊磬也憂然而鳴淵然而可思者孔氏之磬聲達於門外也往來而不絕者門外人

也乃忽有一人過焉欲行且止徘徊眷戀而不能去也視之若有所荷也徐而察之則荷蕢者也荷蕢則微者也其誠荷蕢人歟抑憤時嫉俗托于蕢隱使人莫識歟不得而知也其來也何自莫知其來也其往也何歸杳不知其所之也嗟夫使荷蕢當日悠然而至默默而去千載下烏識所謂荷蕢者僅與抱布之蚩氓織屨之公子同歸泯滅耳乃意中落落不可一世又復偶有所過觸于聲感于耳矣寧不一動其心一發胸中之奇乎抑展轉躊躇欲終自棄人世決然長往乎且門內之磬若人必聞之矣數百年後之君子思其情事如或見之况身當其時者乎我知荷蕢雖欲翩然高逝與世長辭度終不能默、而去也抑春秋隱士忘其姓氏者多矣翳桑之餓人絳縣之老

人皆是也豈獨晨門丈人之流哉箕山許由以姓名傳終不若巢父之以巢名也

有餘不敢盡

鄭之元

有所以制其餘者、而言益謹矣、夫業已謹之、而盡之乎、是以君子不敢有餘于言也、且夫庸言以明道也、亦以盡道也、今使一言而足以盡道、則修辭之與立誠、豈有異焉、而君子終謹之、以為庸之義等于中、過不及所不參也、參之以有餘則過矣、不可謂庸、謹之意倍于勉、發中節而不溢也、發之以有餘之盡則溢矣、不可為謹、何也、天下凡遠人為道者、莫不始于言而成于敗者也、後世之有述者言之餘為之、而小人之無忌憚、則心之敢為之也、我未能為聖賢、而先之以自許、還視其言、早已餘于身之外矣、有之、然不可

予之縱也則亟以坊表予之每能于一往之時留爲可繼若有所

怵而不勝再者人不適爲儕衆而適以之相責轉思其言又且餘

漸入　不敢　憤　扶

于言之外矣一有之然不可隨之逞也則亟以品節隨之不妨使含

蓄之數浮于散越若有所稟而不赴著因是而思君子治人之方

眼前爲學不知被餘根人理後多少

及其改而自止何所爲而止意亦不敢盡之一端也人之不能受

盡言也性率之矣且吾精神才量所僅餘者有幾乎因是而思君

子近道之法所不願則勿施何所見而勿施意亦不敢盡之一念

也言之不能無餘地也道制之矣且吾日用尋常所當盡者何啻

回抱行穿而來能相

乎則豈獨慎言其餘爲君子寡尤之心耶抑且辭達之而已遂盡

不剩

千。古。立。言。之。妙。一七八行有〻餘者。君子猶不敢盡。而故退之。而況言乎哉。

庸腐題有意出脱易為泛駕之馬矣將題字破開字〻刻劃精義是化腐為新之大竅也然又必大而不纖乃為絶搆孫起山

遂字杷梳逐層洗發透出無窮妙義却都是中庸本色文字由于道理熟而情趣自生若有意化腐為新未有不流入纖仄者

而□其稅焉

稅貢稅之所納可不勞而致矣夫貢稅國之所有也而舜則使速賦
納之家以說矣哉且天子建侯以藩輔之土因而廣錄凡以親
其事者來其本此以告能也彼夫有負不視其事而棄一國之奉
知節之衆有足以也夫衆之力也使為之治矣是則予奈其
其汌得操其權矣有如救衣火權而後斷其賦之濟八為據
匱之與嘆衆之心急於要矣[illegible]會縣少非衆所得據大言也
予之以政而更奪其賦之所收為明驗[illegible]
舜則押其國之貢稅而使更納為貢者不以所

至山閒批

食民之食，猶憫小民之無措矣，況□家之中乎而致之待毋
乎而辭不以為後也。辭辭曰：吾以□身之下之，
愛一國之貢，非所以親其弟也。于為□納之□□
而辭□而稅者，上之所取也。為兄□而享民之享稅，□兄之愁
業□□也，無為而將之得在哉。所而辭不□為養之辭辭
曰：吾以一人擁九州之稅，而使吾弟不得擁一方之稅，非所以愛其
弟也。于為使吏納之，其所以□之□深矣，而敢私□□則辭不令也。
自為納者何也？以為婦進者，人之情也。使吾子弟以貢稅□優食之
任其事，而則彼將親簿書之勞，而不得享優游之樂，弟之心□□

之心亦爲之苦也故以納之者進之而催科之不錢收之
單之民幾莫識其爲弟之尊卿以爲嶽安者人之性也使吾得爲弟以
貢稅而[illegible]之親其爲則彼將數爲君之難而[illegible]得安無事之天
弟之心不遑而父母之[illegible]亦無多遑也故以納之者安之而撫字之
不聞堂上之不識下之君幾自[illegible]之列謂之曰於職之

即貢稅之細且猶親愛之以爲也
於並父母意而不敢寧處之所據

而未嘗有顯者來　淶

齊人之門無顯者其婦自此疑矣夫齊婦固日冀顯者之來也而顯
者不來能無致疑于良人也耶若曰向我之爲良人婦也初不知天
下有富貴人也迨一聞良人之言而私竊幸之矣幸之則以欲且蓄
遇之顧易合而亦易離者交遊之誼可疑而不可信者丈人之轄
轉自思殊有不能釋然者耳今之富貴人所謂顯者非耶使良人與
顯者漠不相知則雖音問久疎不必訝其交情之澹抑使顯者與良
人所居異地則雖經年契闊亦不疑其命駕之難乃今則無慮是矣
彼之笑語殷勤視良人爲不速之客既非若主賓好合必須擯介以

相通此也銳籌日習視顛者爲莫逆之交又非若道里殷遥以俟闊闊而始達吾于此蓋無以不期顛者之來矣如顛者而果來吾知道旁觀者必交相羨曰顛者之來爲訪舊來也而以吾良人周旋其側寧不足生顧盼之光且里巷聞之必驚相告曰顛者之來爲良友來也而以吾良人揖讓其間寧不足慰調饑之慕而抗知事有大謬不然者向亦謂華門主賓非不可停長者之駿則握手應有時也今矣空谷之中歡求一足音之及而渺乎不可得矣向亦謂雖泰家風非不可式嘉賓之燕則造廬自可俟也今已矣户庭之外歡求一魁蓋之跡而杳乎莫可覩矣蓋未嘗有顛者來矣得毋顛者之祧已太

尊故名可得而常聞身不可得而一見耶不然何以無事之遙臨也得毋顯者之驕人太甚故此可得而上交彼不可得而下降耶不然何以無式廬之雅誼也今之後吾愈不能為良人解矣縱顯者之交際無窮何至悵望終年不得邀片時之燕笑即顯者之行蹤不常何至夙稱同志曾未闌永夕之逍遙然則良人之所云富貴者其信然耶其傳之非其真耶吾殆將瞯其所之也

不輕落正面全于題前作無限想望最得文家蓄勢之法

上半篇只是發有此無限意思一筆寫題面

描寫而後
幽字歸堂

而後和之

和在于反之後聖人之與善詳矣夫和歌之事原無異尸以

于使反之後子之取善不已詳耶且吾儒讀書稽古之暇雖有

和之雅誰能以取善為心即欲竊步其後塵耶所以曲彌高而愈

彌寡有心者每嘆同調之難孰是見人之善如己之善虛懷挹取

之下懇至之情自出以從容之度耶如夫子聞歌必使反而既反

之後則何如未反之先吾知夫子非不能和也第恐未會其音趣

徒使緘默無言而抑鬱其懷則無以彰人之善既反之後吾恐未

夫子亦未必和也不知已得其性情徒使繹然意念而徘徊几席

關雎之華

頓挫而後

反近于遠已之長然而夫子于此靈明已啓恩懷耿耿之心情意懇誠爰有和聲之舉天下之賢否相先誰非高自位置而其讓美於他人哉吾夫子氣象從容觀斯人之善誠堪勝己即不憚師保而來臨焉既已得其精妍之蘊則真心發見亦安能不和耶所以中鈞中矩心口猶存舒遲之聲宇宙間之賢愚相尚孰非抱負不凡安肯身心以服善哉吾夫子誠意懇至撫吾身之未及斯人必不敢師心以自用焉既已知其曲折之緒則有美必彰又何可以不和耶所以如抗如墜寤寐不忘盈耳之樂洋洋[illegible]

詩賛易一言可為百世之大經賢士大夫誰非附和於[illegible]子[illegible]

有情有景

不謂以歌聲細微偏能有觸於聖意所以和之……絕無
際氣以相嘗則知音共賞如窮主之誕筆蓄郁懸……咏之際
覺四座之皆通抑吾夫子定神正氣舉筆可為百王之標準諸
侯卿相謳非續和於夫子哉乃不謂聞歌有感獨能自舒精詩
以和之而或寫或觸絕無相悟心以相按則侗調與稗悅若伯仲之
奏壎塤一唱三嘆之中久稱一覺之和氣噫即此一歌之微奇矣
夫子之不掩人善有如此夫

描情寫景淺婉生能使而後兩字和盤
托出

至則行矣

孔子子路丈
人至矣變
不同用心則一
而比從事
難據夫人心
世俱為從目
立意
然後有形
又不得見意

不復遇始遇之人行者在至者之先矣夫不行而何以為隱者哉然豈
俟子路之至也及其至而但覺渺然遠耳且聖賢之出處不同其心一
也第吾黨之出也不必至而猶至故其至也似見事之已晚隱士之處
也有可行則必行故其行也若知幾之獨先如子路之以所遇告夫子
知之而使反見也矣得見乎深山窮谷之中有儒人焉平日所既于
於難者正此人也而今而後庶不復失也風雨晦明之夜有伊人焉乎
目所冀于明來者那比類也行行且止其更相遇也于是子路至至
則宜共頸見之也誰從見烟霞笑傲之人見吾索居塵坐時所共太息
焦勞之人之而此意且怦怦矣至則宜其蹤見之之非徒見雞黍綢繆

既有即見之人見吾師弟追隨時所共慷慨澄清之人也而此情方勃勃矣然而丈人行矣丈人何以行知子路之必至則丈人行矣意丈人之留以徵之初言避世之意乎隱者之定于機也子路行者丈人或不行意子路之辭以行也或徵露招隱之心而隱者之動于機也丈人之行猶未至也丈人遂闕之懷隨在而露故所至之處遂預有以相迎而使之不得不行唯其積誠已有先入也然則豈其至之固遲乎山林伏處之意一往而深故於行之時若早有以相待而聽其虛此一至恐夫聞言正多難謝也獨是彼復何處可行乎嗟乎君臣之義殆無所逃于天地之間也

至於魯魯一變

徐陶璋

魯可為齊所至而自變尤急矣夫春秋之魯非復周公之魯矣齊雖當至魯耶而魯不自變之可乎予若曰余生於魯而見魯之綱紀雖存威權不立當此之時寧有慕乎魯而襲其餘風者乎而魯亦自安苟且不能振其積習良可歎也然苟有有為者出焉遊魯者一下[illegible]哉宗國之風為魯者可可易凋敝之勢余所為進計焉而欣然也夫[illegible]自太公受命以來與魯始封略同迄于今轉挾其強長之勢辯歷國方以魯之弱小不克變易夫委靡之氣也而所謂一變之後[illegible]相先後焉安有不洒然思去哉然[illegible]論今日之[illegible]非至於魯不可僅至於魯而亦不能頓者馴強者[illegible]彬彬乎東[illegible]之遺意也

庶乎其可風矣夫建侯啓宇備文武之盛今豈猶是魯乎然
大體未盡亡也則齊但如今日之習而並驅而前之習有以洗滌
而國不至于壞戾者和厲者溫詐者信休休乎成魯之遺範也齊
乎其有禮矣夫鸞旂藻有崇儒重道之功今豈猶是魯乎然而大
差可觀也則齊但如今日之魯而甫田婉孌之誚有以俯免焉而今
不至于淫雖然齊而至魯設魯不變而竟等於齊也可乎哉
思變設齊再變而較勝於魯也更可乎哉故為魯計亦必出于一變
而後可為改革之變難為振興之變易今日者詩書存于學校可鼓
篋而肆其業禮樂藏諸故府可按籍而討其文就其所下大變者而
修明之可也豈曰齊且則倣乎我也而漠漠不思變計乎為更新之

變紂而難為由舊之變是亦易今日者引斯民於尊親之化情可繫
文奉九經於方策之中廢可復舉就其所不甚變者而張大之可也
豈曰我可為法于齊也而并憚其一勞乎蓋齊不至魯則國氣日驕
然至于春秋之魯至于固可嘉至于周公之魯至尤可慕也魯不下
變則國法不立然變其春秋之魯由者此一變之為周公之魯由此
一變也齊其不域于所至乎魯其快然於一變乎
藏針於線無一處不合法正復吐屬閒雅頓挫[illegible]流有書有筆
絕時人

此之謂大丈夫

大丈夫何有異也大賢特指其所謙焉夫大丈夫匪易副也指其所謂而儀衍
安得與於此哉且士生三代以下欲求三代以上之人品幾茫然不解其何謂矣
然惟不解其何謂而戴之懸一格以相推重哉夫固不徒狥乎其名而必核乎其
實也乎以儀衍為大丈夫必以儀衍之外更無所謂大丈夫者亦思大丈夫固不
在彼而在此乎此其學術甚正而措施甚遠初不屑以從捭闔者自然其
功名則此之分量固已高出寰區矣此其涵養獨粹而操守獨堅決不以榮
踵侯門者自小其志氣則此之品節又已卓絕千古矣此而不謂之大丈夫
而誰謂哉聖賢非有高自位置之思此亦何嘗邈然自喜曰我大丈夫也
然而大其術業不得不大其品諸以此正己則謂大人以此待將則謂天民
此應運則謂古今之名世以此位育則偉而大之功陞矯矯風規殊不苟也
嘗求歷想之而目中古如見一大丈夫焉末世每有道高毀來之嘆亦何

此之謂大丈夫頓然得清題神匠[illegible]

必羣相推許曰此大丈夫也然而大其綬猶不得不大其器量以此賤形則謂盡性以此立命則謂達天以此臨利害則謂不忘之志士以此閱窮達則謂貞過之仁人卓卓自命殊不凡也覺我歷核之而意中別具一大丈夫焉盡不以剛健之性下毗於柔則大地之陽氣於此而獨專專故物莫能稱振末流之名節端在斯人而豈什伯庸衆所可同且不以脂韋之習伺撓其体則天地之正氣於此而獨伸伸故物莫能撼合古今之閒見其遊數人而豈勢位權力所得與世有其人吾將躋此於禹皋伊旦之列而不敢以出類拔萃之英尋常相視世無其人吾亦寄此於寤寐想像之表而不敢以黃農虞夏之品輕付庸流而子頓以儀衍為大丈夫不亦陋乎

精光推鍊卓爾不羣

此之謂民

南山

原父母所由稱、咏詩而若可危矣、夫父母豈易稱乎、誠規于此、方知其甚可危也、則曷不咏節南山之詩曰：天下者、以身寄億兆之上、已先有以親之、而後民乃尊之、豈：然、我未嘗一、而與民近、民亦將望而與我遠乎、惡之謂、何而令其發不平之嘆耶、民之父母、非南山之詩所以美君子者哉、夫君子而好民好、則無有作好、已不【】敎以要譽可知也、君子而惡民惡、則無有作惡、已不：推以自逞可知也、念痌瘝而謹愛護、居然顧復鞠育之風、豈其德罔崇高、而【】路、以目、養其欲、而給其求、宛然家人婦子之【】、豈其仰【】尊嚴、已【】此【】、則宜君室王之【】師【】

也君我民我即思斯勤斯之君子也[illegible]猶、矩
母之謂、職此故耳、假令有天下者而盡皆好ゝ好惡民
父母之憂則是政之所屬愛斯普爲權之所歸利斯被爲天下無不平
情亦無不遂之欲其君子歆天保之南山以親其見其小人咏爲
甸之南山以利其利文寧獨入覲元侯宴享諷誦而已乎無如情性
芾通戚權日熾同一南山也臺萊不歆而節彼有刺矣節之者危之
也何急乎處萬物之上而挺然獨立削其勢日孤彼之在外之也何
外乎櫂崔巍之高而不爲少貶則其形倚漁嗟乎夫非猶是南山乎
何昔也引而近之而今也乃推而遠之耶何前也歡欣之意忽爲消
山忽被其榮而今也乃疾視之情起而南山先遭其辱耶如是

此謂唯仁人　過也

程李院科試　李一等第一名　侯官　吳履泰　丙午經魁　庚戌進士

歸愛惡之能於仁人、獨無命過之失也、夫仁人之于賢不善、非但見之已也、盡其所爲愛惡、而不失之命過焉、夫豈未仁者所可及乎、且人主進退人才、欲期用情之至當者、惟其斷而已矣、一人公正無私、而彰癉各得、則賞善而不病其需遲、鋤奸而不隣于姑息、其能事誠有獨絶、而未易以常情之見與之也、彼仁人於不能容者而放流迸斥之遠若此、此其以惡成愛、運明斷於一心、即惡推愛、伸用舍之兩柄、則仁人之所能大可覩矣、從來容賢者宜愛、不愛不可以爲能、不極其愛以愛之、亦猶之乎不能也、而朝而升庸、暮而車服、唯仁人則獨為能愛焉妨賢者宜惡不惡而可以為能不極其惡以惡之亦猶之乎不能也而旦而貶黜夕而投荒唯仁人則獨為能惡焉雖然能愛能惡亦謂仁人之愛人能舉而先之耳亦謂仁人之惡人能退而遠之耳夫慎名惜器必論定而後官棄咎滌非每樂収於晚蓋其有愛而未舉未先有惡而未退未遠者仁人常於未見之先深用其紆徐然稽賞不行即無以神鼓舞優容太甚漸且以啓僉緣則愛之而必舉必先惡之而必退必遠者仁人尤於既見之後獨伸其果斷有如見一賢焉而旁旌弗育且不勝其遲疑也寤寐中先持一若疑若信之端心目間遂視為可有可無之數以宗社倚賴之賢祇以供徐

徊瞻望之一擲則何其愛賢之不深若此也此爲命而已矣而烏乎能愛見不善焉而黜罰不降抑猶容之左右也根株未盡半存於優柔牽制之私滋蔓難圖又誤於兩可調停之說以舉朝共憤之不善僅以憑朋黨比周之一快則何其惡不善之寛若此也此爲過而已矣而烏乎能惡蓋進賢不勇旋且失賢正不得托言慎簡而妄擬待用於後人去奸不力轉以養奸又寧容矯語包荒使羣小倖希於再進則信乎能愛惡之必歸仁人也

中間二比於夾縫處著精神所謂擊其中而首尾應也其議論不極如是也

先之勞之

政本於身、加意於先勞而已、蓋無以先之民且後矣、無以勞之民且逸矣、爲政者盍於身求之乎、且王者作君作師、必爲之大立其標準焉、非可以泛務之治治之也、綏猷惟后、而徵民以身、自古稱上理者、必實操夫井牧教化之原、而後一代之治功以彰、子問政乎、夫政自有本、爲萬物共凜之行、一人獨修之行也、一人獨勤之事、萬物共趨之事也、膺民社以起化原、而一世之人心風俗、悉關自深宮乾惕之中、奮明作以端治本、而草野之衣食農桑、皆基於廟堂勤勵之下、以與民行、而可無以先之乎、以作民事、而可無以勞之乎、衛樂愷之文、而責以人紀是修天倫是敦民遂奉令恐後也哉夫愚氓原無開闢風俗之材而向化必期於表正故導民則曰先知牖民則曰先覺寧得待和恒四方始言躬修乎亦惟是明德無虧不自歉其秉彝之攸好而凡學校之設勞來之方猶其事之後焉者矣降恤農之詔而語以百畝之易三事之勤民遂樂為其煩也哉夫草野原無未雨綢繆之計而勸課實董其作成故盡大人之事者必曰勞心而廑小民之依者未始不兼勞力安得謂端居九重無煩身歷乎亦惟是宵旰不遑實自樂於勤苦之身親而凡惓惓於農官殷殷於保介亦止慮之周焉者矣鄉黨不乏自好之義廉恥之愚匹夫豈後於君王顧無以風

之則情不動也古帝王皇自敬德原不以田野之風聲為修行而感以天性自應以天良德化可無象魏之書而極會自昭於變之盛必壯自具餘力木金水火之圖閭閻亦甘於作苦彌無以振之則氣易惰也古帝王無逸作所原時以田里之稼穡為憂勤故君撫周原自民父禹甸皇躬不廢三推之典而黎庶自効四體之勤蓋教與養兼盡聖王於以有治功性與生咸宜百姓遂譜為治象由也勉此其於政也愚過半矣

先之勞之　全章　王自超

全政於一人、用當與天下貞其治也、夫始欲其作之矣、繼則欲其收之矣、無倦非先勞外事也、以爲益焉、則且有其倦心哉、今使堯[illegible]令[illegible]勳名周覽事而襄理而猶微氣深沈序之事不信也天下強健有氣之士足以任艱鉅遠而庸庸者[illegible]而榮薄之故君子貴以躬任其責焉才大之主業無不兼有天子之躬爲三百六十之職者人謂憂勤吾謂曠逸也禮樂兵農人有其司而明堂之上亥不覩天子之所爲此其事亦等於庶官奮庸之主志無不備有一則而欲盡數百年之功若人謂裕遠吾謂從期也子孫百姓人有其福而尚魯之壽不足爲鐘簴之所右[illegible]亦兆於七廟今夫爲[illegible]

懼其後也懼其逸也則懼其一[illegible]也今夫為政者風旨
而後王事見則後矣一代之治明若見先愚者見後見其後故文武
之政其子與孫不得而學之見其洗故平恒之政其祖若父曾得而
治之也昔王在上適則惟先先之而後有事也之與質質之與文也
先之而又何為事禮不至刑而刑不至兵也夫鼓鐘未播藻火未明
萬物淡然而不知所始然則可不先之哉今夫[illegible]紀[illegible]綿然而見
王[illegible]靜則逸矣一代之治創者任勞承者任逸[illegible]逸故君相之權
不能發一謀任其勞故百世之後爲能岡[illegible]至也[illegible]本上[illegible]性
勞勞不可在人元首胜而股肱惰也亦不必不在人二十四人成之
而予一人受之也夫尊卑既設鳴鳥攸聞百姓靜然而無所事然則

何以勞勞哉政如是則成矣雖然、子路則何以請益也今夫爲政者
功成治奏而有怠心則百年之勢不長矣國家無甚全之利行之百
年而不變則爲祖宗之德矣民不喜法之利而喜無法之害小國
家不爲甚速之害行之數日而即變則爲少者[illegible]矣法不能[illegible]害
而速法之行所以害也明王有[illegible]道則無倦倦增[illegible]之耄老之
年祥瑞未來爲後世之福夫成康盛天子刑措[illegible]太平儒者讀其
史惜其不能帝然則何以無倦哉政非是則不成雖然、子又何俟弟
子之更端也吾聞之爲學戒一日焉祈聖賢也爲政戒一日焉言壽
考也爲學有相長焉學則日益進、也爲政有相長焉治則日益古也

張永鑑

○○先之勞之

政本於身加意於先勞而已盖無以先之民且後矣無以勞之民且逸矣為政者盍於身求之乎且王者作君作師必為之大立其標準爲非可以泛務之治治之也綏猷惟台而徽民以身自古稱上理者必寔以操其（要言不煩）刀救教化之原而後一代之治功以彰子明政乎夫政自有本爲萬物共禀之行一人獨修之行一人獨致之（提振精老大家筆力）事偶物共趨之事也齊民社以起化原而一世之人心風俗巷開句深宮乾惕之中喬明作以端治本而草野之衣食興一旨基於廟堂勤勵之下以民行而可先之乎以民事而可知以

勞之乎循樂愷之而責以人倫日修天倫是敦淳遂本令想後也況夫愚氓原無開闢風俗之材而向化必期於表正一導民則（用君字服先字雅）曰先知牖民則曰先覺寧得待和恒四方始言躬修乎亦惟是明德無虧不自歉其秉彝之攸好而凡學校之設譬采之方獨々大事（推一層正寫妙甚）之後爲者矣降恤民之詔而語以百畝之分三事之勤民遂總爲其煩也哉夫草野原無未雨綢繆之計而勸課實董其作成故盡（先知先覺勞心勞力拮据如天造地設而斡旋亦精細）大人之事者必曰勞心而塵小民之依者未始不兼勞力安得謂端居九重無煩身歷乎亦惟是宵旰不遑實自樂於勤苦之身親（勞之曾耐人深思）而凡惓惓於農官殷殷於保介亦止慮之周爲者矣鄉黨不了的（蛛抹幾入）

好禮義廉恥之思匹夫豈後於君王顧無以風之則情不動也古帝王皇自敬德原不以田野之風聲為修行而感以天性自應以天良德化可無象魏之書而極會自昭於變之盛以壯自具餘力木金水火之圖閭閻亦甘於作苦頌無以振之則氣易惰也古帝王無逸作所原詩里井之拮据為憂勤故君撫周原自民乂焉甸皇躬不廢三推之典而黎庶自勸四體之勤蓋教與養兼盡聖王於以有治功性與生咸宜百姓遂謂為治象由也勉此其於政也必過半矣

濃以引氣象亦極軒昂為之三復不已

提醒過一筆說精妙

所謂不令而行也意極周匝

股法周生

筆酣墨飽神完氣足總收精

照留結

寫先勞不落空骨義意題分合薄並無俗意已到了眼獨出

氣象崢嶸 李沖

仲尼日月也

擬至于日月可以知其高矣夫至高莫如日月也以之擬仲尼彼
之稱盡觀日月乎且夫人日處乎聖人之下而不知聖人是何異
處乎天之下而不知天乎是故善觀聖人者不必于聖人求之也一
仰觀焉而懸象著明固有昭然可見者則請進邱陵而言仲尼之言
觀他人之賢以為此真巍然者矣迨進仲尼之門而擧他人之所謂
巍然者固皆在照臨之下也吾前見他人之賢以為此殆不可及者
矣及觀仲尼之教而覺他人之所謂不可及者亦[illegible]復曷之乎也
我思仲尼即日月也日月托處于天凡天之所

豈非曼絕者乎。以觀仲尼。知則生知也。行則安
于彼蒼。仲尼之道。齊于千古。均之其為曼絕者已。行以參于天凡
天之所冒。日月皆得而臨之。豈非峻極者乎。以觀仲尼。德則至德也。
業則絕業也。是在天之下者。雖日月為尊。在人之中者。惟仲尼為大。
均之其為峻極者已。賜向也亦嘗望卬陵之象。以為其執尊。其難於
而不意日月之猶在其上也。彼仲尼之崇隆。亦若是焉已矣。賜向也
亦嘗登卬陵之巔。以為巍乎峻巇。躋乎無上。而不意日月之猶去今
遠之。彼仲尼之峻絕。亦若是焉已矣。而謂可得而踰乎。不可得而
乎。而毀之者何為也。

康熙庚子福建

仲尼祖述堯 二句

李倪昱

以一聖集羣聖之成、道與法俱賴之矣、蓋堯舜文武、古今道法之宗也、祖述憲章、不以一聖而集羣聖之成哉、子思作中庸、既尊仲尼之言以聦其訓、至此而又以中庸之理、惟仲尼身體之也、因不禁穆然嘆興曰、予茲念我仲尼而巍巍然有繼緒之思也、余茲念我仲尼而凜凜然有揚休之志也、顧仲尼體中庸、未可一詞罄論、其以後聖而兼前聖、直以一聖而兼羣聖者、今夫聖莫盛於堯舜、羲皇以前、其所誕敷、無非生民未有之事歟、而道統者不及之、

康熙庚子福建

謂至堯舜之道始開也。人有心而忘其危。誰復知隱微見顯之幾。心有道而忘其微。誰復凜不覩不聞之懼。自堯以執中貽舜而舜以精一紹堯。乃覺千古之道。其可以見諸羹而見諸牆者此也。且夫聖莫盛於文武。夏商代嬗。其所刱建非無遠過後人之功。然而原大法者不及之。謂至文武而法始備也。周官俱有成典。兼以制禮作樂之林。立政勤為一書。裕有緝熙執競之意。蓋自文以顯謨佑武。而武以承烈光文。乃覺千古之法。其不容以愆不容以忘者此也。顧誰實祖述之哉。惟我仲尼。非必斤斤乎揣而合之而接之。

以道統之傳者寔契之以神明之蘊異學爭鳴分我支派者即爲紊我宗祧一貫傳心啓我後人者皆爲繩我祖武是前作後述之不以時勢拘也刪書斷自唐虞猶其述焉者矣而誰實憲章之哉維我仲尼豈徒規規然率而循之而重之以大法之垂者實深之以顯揚之慮禮樂未墜則末流之君子皆聖世之頑民斯文在茲則東魯之師儒即西周之良佐是章明顯爍之不以韋布限也褒誅還之豐鎬尤其著焉者矣文武未生先有堯舜乃至統有所自始著系傳所自續則仲尼之祖述功不啻居文武之先堯舜以

紹衣堂墨的

康熙庚子福建

緇衣堂星的　　康熙庚子福建

○後○文武繼之○乃至綱賴以不墜者○紀亦藉以常存則仲尼之憲章○

功○直○通○於○堯○舜○之○上而況上律下襲○仲尼又與天地合其德耶○

細針密線組織工雅靜氣近人秀色可餐次題第一藝也

仲尼祖述堯 二句 十八名 黃育茹

帝王於一身、中庸所以獨歸至聖也、夫道傳於堯舜、而法垂於（獨承前脉擒題）
武、祖述憲章、仲尼所以得中庸之統歟、且吾言道而遠溯唐虞
近言當代學者鮮不疑其濵而無統矣、不知綜道法於一身則帝
王由分而得合、通古今於一心則帝王從異以歸同、不觀之我仲（精渾）
尼乎、生文明大啟之後、帝典王猷皆可傳而可法、倘得從賡以爽（溫潤中帶流利）
輔之際、黼黻休明、固不難使親之盛聚一堂而面語、然際世渺
風微之日、古聖昔賢、幾若存而若謝、苟非極旁搜遠紹之勤、遐尋
墜緒、又安能以歷聖之休、曠百世以維新、則仲尼之祖述憲章可

想也巍巍乎天之想而刪書著典首推放勳濬哲之模將以是

原不必襄勸堯舜精理不忘從玉

為祖述之顯者乎而不特此夫為精為一之源不以二聖而實其

子曰道一言將來

明不以後民而昧其體溯乎往世返乎降衷傳之都俞者何所豈

得之性分者何所靈也以默契者為紹衣而宜振宜繩斯誠尼徽

之學一脈所留焉爾郁郁從周之願而未墜在人猶見緝熙無

競之體將以是為憲章之微者乎而不特此夫丕顯丕承之跡五

對意亦勝所謂文武之政布在方策者是也

年以前之簡冊方新五百年以後之章程未改考諸遺文徵諸

獻傳於子孫者固精留於臣民者非粗也以釐定者為欽式而

慤不忘則誠謨烈之垂一代所寄焉爾好古而專精深之以梧

仲尼生而知之滴

高曾之慕。信從乎昭代。凜之若科條政令之嚴。則雖具生知之

旨謂好古敏求祖述憲章乃其證據

不憚考古而證今。故遂以其多聞多識。留萬古不廢之常經。一立

從

後世而爾先。敬承其傳而不作。生今時而恪守。表著其典使常新。

賢不賢皆師　此意更高然不是

則亦幸當明備之餘。得以遠觀而近採。并不欲以開知見知僭歷

掤王予業

聖道傳之統緒。况乎其合上下天地而皆為效法也哉。

人多看得堯舜神奇。因而震驚祖述。不知堯舜此性體。人亦此性體。仲尼之祖述。不過全其所性之分量。特仲尼能述。而他人不能述。故以為大耳。人皆可以為堯舜。此事豈有奇突。正於極平常中無過與不及之病。堯舜如是。仲尼亦如是。故曰述而追

論淵源。如海瀆之都發足於星宿。故曰祖。若一米抬高。不故下
與人看。便非仲庸以仲尼接引後學意。此獨得之。

仲尼祖述　二句

解元　謝道承

道法帝王之全遠有宗而近有守也蓋未有不宗其道而可繼
堯舜之傳者未有不守其法而能紹文武之治者仲尼之祖述憲
章何無弗備乎子思謂中庸之道闢自中天而隆于沿代其所留
以待後人之統會者甚多如此先聖所以深有賴于後聖也若乃畧
荒遠而直承道脉心契其微處明備而身任贊修法垂可以於其
唯我仲尼乎夫仲尼固堯舜文武後一人者也陶姚之譜牒未湮
而統緒之綫綫固已歷商周而綿嗣續矣至仲尼則心可相禪不
康熙庚子福建
召之皇墨的

曾傳一綫于尼山謨烈之顯承未墜而文章之郁郁固已藏政府
而燦日星矣至仲尼則學無常師直可繼修明于豊鎬蓋道統之
與治法宜親親而亦尊尊而遠紹之與近承為曾孫亦為臣子吾
見其于堯舜也則祖述之矣夫堯舜知道不可泯而在當日早開
精一執中之傳後之人有能極時中之盛者一如夫踐虞賓之位
大嬀滿之封也而何弗以祖奉之吾見其于文武也則憲章之矣
夫文武知法不可廢而在當日早極治教政刑之備後之人有能
與策之政者一如夫陝以東周公左陝以西召公右也而何弗

以守之二典徵言皆唐虞之家法而刪書首及不過自紀其志之而京文物皆几席之章程而官禮留心亦祗自盡其宣猷之與人謂湯孫之後有達人不知即勳華數傳之苗裔見聞知之統禹臯如親授受是可因耳及而自任雲孫人謂洙泗之上有師儒不知即岐洛以還之逸老禮度文之遺游夏莫贊一詞乃獨訪舊聞而著為令典若是乎仲尼一人久矣備道法之全而為上古所獨絕也惟其心為嬗受而身為章明故于祖述見德性之通于憲章見問學之大且其遠有所宗而近有所守故于堯舜為不懸

紹衣堂墨的

紹衣堂墨的

之宗子于文、武爲不倍之俊民而猶未已也

運用舊事皆化爲新則切之故也發抒奇思摠歸于雅則潔

之故也闈中得此作元風氣〻上矣　山

仲弓　　潘淑章

德行之多賢也終舉之而得四焉夫賢如仲弓而列於德行之林誠不愧矣記者終舉之見聖人之所以繫思也且聖人多尚德之儒其號為具體者特出自後人之稱而躬備盛德者不皆在具體之列則吾於顏閔伯牛而外又得一人曰仲弓乎人之號當世所推則簡默固其所以自遠君人之號受吾師所與則居敬乃其所以持躬仲弓誠有德有行士哉觀以仲弓而較之顏閔諸人竊有不能無異者何也仁道為夫人所共體而回也克復之必嚴雍也敬恕之有漸則所以求乎學者不同賢上為權門所引重而損也汶上有懷雍也為宰之不鄙則所以遇乎遇者不同且也道德為彼蒼所眷顧而耕也然於命而無如何雍也來其作而常自適則所以護乎數者又不同而要之不必一者學也不能齊者遇也不可必者數也而無不同者德之行也則仲弓與顏閔伯牛何異哉獨是以仲弓之賢使夫子得特而駕焉而與淵閔伯牛共效馳驅於王國則世類不得而詞固仲弓之所深願也而何以同賦斯饑於陳蔡

也。即使夫子終老杏壇。而與顏閔伯牛共致追隨於函丈。則請事敬業。未有艾也。夫子所快心也。而何以忽焉兩地之睽違也。其在昔者。上下無交。徒托山川之思。莫今日離羣索居。依然南面之無權。伸奇乎夫子能不深情於不及門也哉。

仰不 樂也 於 侃

徵樂於二其 者徵矣夫愧怍何自而生何自而泯此君子之樂又在自克之後

已且夫人之樂其身者易而樂其心者難樂其身者静分之事樂其心者性分之事夫

性分之事非勢分之所能為也赤子之天機每愉快於成人匹夫之至或暢適於學士

蓋天理人情之中有直趣焉君子之無入而不自得正存此耳吾聞王天下者體元之譽

冠盡人之極而君子曰若遂有同功何必專責於宗子倫無假歡何弗共荷於綱常

於是天人依倚之間可以觀君子之二樂矣君子非有所加於人也而同於人者人以

為徒合於天者天以為徒夫人弗克承天則平旦清夜之時天吉時入人之意中以陰

使之卬卿而詔弗媿之下覺夢寐偏來遣責之深君子隨出王游衍之餘臨之在上

而還視吾心固有之天莫不有秉貞合一之致則其境曠矣浩浩乎造物同遊者也樂

安極哉君子亦分定自天耳而定之天者人蔑為加力之天者天且無權夫人弗克盡

人亡耶明且衾影之際人何能假我之隱微以使之自覺而隳焉指視之交即夙夜絕無

從容之地君子任左右前後之衆睨之在旁而還問生人大共之理無復留纖悉餘憾

仰不愧於 樂也

之端則其進廣矣優優乎萬物各與者也樂有涯哉循其內以觀君子未嘗恃夜心之
釋頓悉天憫人或屢豁猶之晏而屋漏之鬼神不加驚焉則俯仰從容不必縱其情於
曠達之中而繩之者益密而處之者益寬循其外以觀君子遑自信我躬之是顧畏天
敬人不遺嚬笑之微而考祥之視履莫加警焉則天人交盡正可惕於其幾於臨保之
內而兆合身者惕於無形而適音聲者游於無外仰不愧也俯不怍也以是而傳諧於
家廷則中和之令德以是而裁成乎庶類則開繼之聖人天與之人與之是可以王天
下而有餘矣然而君子之所樂者則獨在此不在彼也

仰不愧於樂

精卓堅厚彌浸深於經學而達其辭者　原評

精卓堅厚彌浸深於經學而造其辭者

盡也

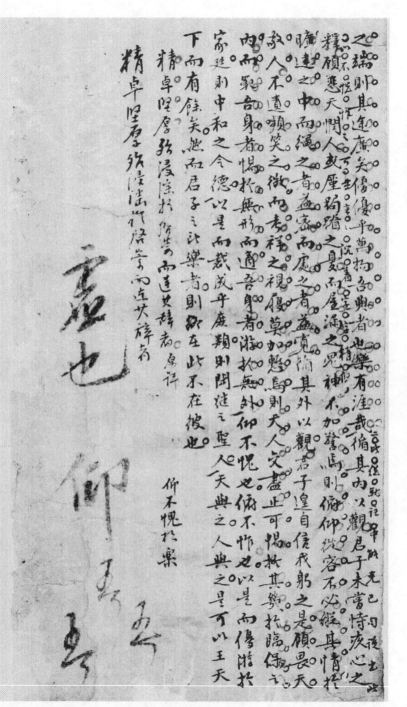

仰不愧於　樂也　林　侃

微樂於二其自克者微矣夫愧怍何自而生抑何自而泯此君子之樂又在自克之微已且夫人之樂其身者易而樂其心者難樂其身者勢分之事樂其心者性分之事夫性分之事非勢分之所能為也赤子之天機每愉快於成人匹夫之至性或暢遂於學士蓋天理人情之中有真趣焉君子之無入而不自得正存此耳吾聞王天下者

衆矣如簣忽細如髮

體天之元立人之極而君子曰繼述有同功何必責專於宗子彝倫無攸斁何弗共荷於綱常於是天人俯仰之間可以觀君子之二樂矣君子非有加於人也而同於人者人以為徒合於天者天以為徒

夫人弗克承天則平旦清夜之時天亦時入人之意中以陰使之自喻而赧焉弗安之下覺夢寐偏來譴責之驚君子隨出王游衍之餘臨之在上而還視吾心固有之矣莫不有永貞合一之致則其攬曠矣浩浩乎造物同遊者也樂安極哉君子亦各定自天耳而定之天者人苟爲功力之人者天且無權夫人弗克盡人則衾影之際人何能伺我之隱微以陰使之自覺而環焉指視之交即夙夜絕無從容之地君子任左右前後左右之衆睨之在旁而還問生人大共之理無復留纖悉餘憾之端則其途廣矣優優乎萬物吾與者也樂有涯哉循其內以觀君子亦未嘗恃疚心之釋顧悲天憫人或厘蜀躅之

憂而屋漏之鬼神不加譽焉則俯仰從容不必縱其志於曠達之中而繩之者益密而處之者益寬循其外以觀君子遑自信我躬之是顧畏天敬人下遺嚬笑之微而考祥之視履莫加愍焉則天人交盡正可暢其義於臨保之內而範吾身者惕於無形而適吾身者游於無外仰不愧也俯不怍也以是而優游於無家庭則中和之令德以是而栽成乎廣顧則開繼之聖人天與之人與之是可以王天下而有餘矣然而君子之所樂者則終在此不在彼也

精卓堅孚殆浸淫於啟禎而達其辭者以翻於首作抑而殿之顧和璧微瑕不掩千金之色特復公之以示同好

仰不愧於天　二句

林廷柱

君子有克己之學俯仰皆一樂也夫君子之身天人交責之身也不愧不怍俯仰之間安往而不樂哉今夫父母兄弟門此固人經之所由立而人紀之所自出也君子幸遭際其隆而盡乎在我盡乎不誠合天經人紀而兩無憾哉雖然君子之樂又有不專在遇而在己者己之性爲天所命而不能全乎天道之本然則上帝之所以生我者不偶而我負其上稟矣噫孰甚焉己之性與人同具而不能盡乎人道之當然是聖賢之所以望我者匪輕而我甘愚不肖之歸孰甚焉愧之甚非必臨之在上者顯然有以相責也而一仰聆間自揣不堪以對天則返之中心其可憂乃大矣怍之甚非環吾左右者群然加其指摘也而一俯視間自念不堪以告人則叩之此心其可憂者攻多耳乃一旦而仰對乎天浩浩焉落落焉曰樂也問何以然然此固從不愧中來也乃一旦而俯等于人坦坦焉適適焉曰樂也問何以樂夫固

從乃帷中衣也蓋無敢戲豫無敢馳驅君子之事天若原在睹聞俱寂之先而合必忠信行必篤敬君子之盡人者即在日用往來之際昊天明而及爾出王昊天旦而及爾游衍君子不愧吾心之天即不愧在天之天而何所入而不自得一使民而必矢發之承一撫眾而抱勝予之懼君子不怍對人之己即不怍對己之人而何所處而不泰然是故不怨不尤生平之素位履之者坦夷則名教之中自有樂地而不愧不怍一身之游仰處之者安舒則耳目皆一無非樂趣蓋至是而君子可自信曰二樂也而吾亦得為君子信曰二樂也夫樂在性分與樂勢分其相去何如況乎君子之教澤又且徧及天下哉

仰不愧 二句

于月課取列府學第五名 林學曾

愧怍俱泯俯胥滅矣夫仰焉俯焉天人交責之地也不愧不怍克己之功微矣夫愧怍者生人大有用之機也然蔑內省之功不可不存斯須而驗純修之學者必求愆泯其端夫苟非自克之有素曷由所處之咸宜哉君子有三樂既微其一於父母兄弟矣是天性之豫順己全人間之休嘉畢集天下所深願而不可必者君子亦既厚邀於天特異於人庶幾可惕然於俯仰間歟不知者云作天之慶未嘗無事天之心君子既全人之而又當思盡人之學然而難言矣天之所以樂我者啟矣哉良息偶疎即爲譴責莫逃之地苟問心

而有愧於心即戴天而有愧於天人之所以責我者重矣哉衾影有
慚即是指摘共乘之際苟返己而有怍於己即對人而有怍於人而
我之所以處大人者又難矣歟長少渝上帝之明威不假以司瀕之
皆議不少寬則愧者愈有怍於人亦怍人者愈有愧於天夫如是而
君子果何以惕然於俯仰間乎乃徵君子于仰而適乎異矣誕畀之
始吾自有生以來而盡吾心之天者即可對在天之天貌言視聽安天
之官元亨利貞勅天之命浮子之旦明無非帝心之降鑒也而何
愧焉又徵君子俯而超然遠矣秉受之同已亦猶已人耳而完一
己之人即可盡人之人肅乂哲謀踐人之形仁義禮智盡人之性

君子之嫭僭　爽之物則也而何怍焉更合觀君子于俯仰愈覺
乎不可及矣　之事期無負于天人耳而天未嘗有外於人人未
嘗或離於　觀有赫即以盡人事者格天心好惡無私復以答天
意者洽人　君子之藐焉中處即爲上下所協賛也愧何有哉怍何
有哉蓋至是乃可以褐然於俯仰閒而無憾者耳矣要之君子惟有
不愧不怍之本所以庭闈聚順福祉非由于幸邀惟有不愧不怍之
學而後大道爲公教澤有可以遠被君子之樂孰大於是吉

仰不愧於　二句　袁煒

克己之君子協天人而一之也蓋天人之分雖殊而理則一也以是
理而達于上下君子何歉乎哉孟子論其樂而以在我者言之蓋曰理
一而已矣天之所以賦于人而我得之者此也人之所以受于天而
我同之者此也自夫役于有我之私則天人睽而志弗通矣物我睽
而情弗類矣無天無人無物無我唯克己者能一之是故仰而求之
于天天之載若若其神也吾不能必其視聽明畏之何如而難乎其爲
不愧矣然君子不求天于天而求天于理理也者天之在我者也君
子能無失其在我之天而在天之天自不相違焉心者天之神吾操

之而不舍也性者天之命吾順之而不害也形者天之塞吾賤之而不
斷也蓋不惟出王遊衍之道後天而奉其時而潛孚默喻之誠實先
天而會其極矣是雖視聽明畏之不可以端求而理既在我則以其
貞一之道而律夫貞觀之天君子亦自信其造化之為徒而已矣而
于天也奚愧乎俯而求之于人人情若是其渙也吾不能必其喜怒
憂愉之為何如而離乎其為不怍矣然君子不求人于人而求人于
理々也者人之在我者也君子能無失其在我之人而在人之人自
不相悖焉同此心則同得其所以為心人孰存而我孰亡也同此性
則同盡其所以為性人孰全而我孰偏也同此形則同踐其所以為

形人孰加而我孰損也。蓋不惟達之天下，有以學百慮之感而合之古今，實足以神懷世之通矣。是雖喜怒愛憎之不能盡同，而理既在我，則以其致一之道，而協諸至不一之情，君子亦自信其大道之為公而已矣，而于人也奚愧怍乎。吁，此君子之一樂也。

就天之所以賦扶出所以不愧一人之所以受扶出所以不怍語

語精切，不可移換。

說理洞徹，於無奇處見奇，是能疏淪於理竅中而探喉而出者也。

仰不愧於　樂也　　黃大紀

修己者有真樂、即俯仰而又具矣、夫天人之際、亡之慘險焉、不愧不怍、不可於俯仰而得二樂之故哉、且自王天下者、凛乎鑒觀之有赫、惕乎指視之維嚴、何時而可以自慰哉、抑誰知不自慰之中實有可以自慰之本、勢分求之而不足、性情反之而有餘也、則嘗試由父母兄弟、而進觀君子之二樂、夫一堂無恙、吾固樂有其遇矣、然吾樂父母、亦樂吾之樂、以為承家有肖子也、一室追隨、吾亦樂其盛矣、然吾樂兄弟之樂、何如兄弟亦樂吾之樂、以為同氣有令人也、則非有以對於天人、不可上帝之明威不假、毋食息偶疎、即為譴責莫逃之地、

樂乎

之樂何如父母

落題快絕不同根下俗徑

罄問類之訾議不少寬衾影有慚即是指摘共乘之際則天之鑒我謂
何而甚難乎其為仰矣人之伺我謂何而甚難乎其為俯矣蓋仰焉
而已愧也俯焉而已怍也而君子不然仁者天所為尊也義者天所
朴寔做起俱見本領
為利也禮者天所為亨也智者天所為貞也極性命之各正而不必
關照上天下另不可
修肖他處
修郊壇之崇敬之文於以立天之極而還天之始斯亦天之所樂為
徒也則泰然於仰而已矣貌者人所以作肅也言者人所以作乂也
視者人所以作哲也聽者人所以作謀也極踐形之必肖而原不存明
堂哀對之跡於以盡人之理而大人之量此亦人之所樂為式也則
帶起樂字
晏然於俯而已矣凡人惟是仰有愧俯有怍天即未嘗顯為督責人

未嘗顯為非議而留一可責可議之由何有於一身津與君子一
惟不愧天不怍人即仰焉時加其戒懼俯焉猶畫其惡而實無可
懼可惡之微自不禁彌性之優游不敢戲豫不敢馳驅君子原以答
天孰知天治者即與人洽則較之庭幃值慶尤進焉也已無然畔援
無然歆羨君子原以盡人孰知人合者即與合則雖其孤居爾室有
快焉者已此二樂也合之三樂而謂王天下者有是否

高處着眼大處發議真切透露極有本領文字緣首作駁雜未醇
故抑之以老其才

伊尹耕於有莘之野而樂堯舜之道焉

觀元聖之樂道、即耕莘已然矣、夫莘野之耕、窮境也、而尹已樂（惟道是）之、然則何時而不樂哉、且自古及今、所以不容須臾離者、道而已矣、第人多背道而馳、聖人則以道為依歸、故當躬親穡事、而志慕勳華、陶然自足、緬其志概、固已抱負不凡耳、割烹要湯、吾謂斷斷不然者、於何見之、天之生聖人也、原非偶然、詎肯苟同于流俗、故無俟歷考其生平、即屈志衡茅、其所期許者、總欲追踪于千載之上、聖人之守己也、必本自至嚴、豈肯與世為推移、故姑勿備詳其蘊蓄、即伏處隱約、其所循習者、祗期無忘于皇古之初、迄今稽之、蓋耕有莘之野、而樂堯舜之道云、堯舜開萬世之心傳、似非耕鑿之所得與、而尹則從而樂之謂道在天壤何問尊卑爰於耘耔之餘舉精一危微之旨默爲體會而神以交而心以契不啻見堯于羮焉見舜于墻焉夫莘野亦栖寂矣自有堯舜之道與共晨久而蓬蓽不藉以增輝歟堯舜冠百王之治法寧任耕稼而可以輕議而尹乃顧而樂之謂道在當前何分窮達爰於芟柞之暇舉時雍風動之化靜以叅稽而情爲之怡色爲之動不啻登堯之廷焉履舜之陛焉夫莘野亦鄙陋矣一有堯舜之道互爲照耀而雅人不偏多深致歟生人之最苦莫如耕歷四時之拮据曾無休暇之時尹若曰吾祗知有道之樂而寧知服田之苦當而第見作焉道備而出也入而息焉道備而入也犁雨鋤雨亦爲諸依然巷舞衢謠之日月四民之至勞亦莫如耕殫手足之胼胝並無

息肩之候尹若曰吾祇知樂道之逸又安躬稼之勞第見春而播種
以道爲播也秋而収穫以道爲穫也主伯亞旅之勸謳無異賡歌颺
拜之乾坤而謂非道非義得以嘗而試之豈所以爲尹哉

耕莘樂道蕭然高寄情景活現

伊訓曰

庚寅

大賢引元聖之訓，已足證其非辱己矣。夫伊尹之相湯，非要湯也。進述亦可為伐夏救民之一証哉。且自古聖君賢相，皆必有訓，而訓之所在，已之志在焉。後之人觀厥明訓，而可以辨其品概，証其出處矣。彼以割烹要湯為言者，豈知伊尹哉。伊尹身居畎畝之中，方且樂放勳之道，至愉快也。其裕之已而訓于人者何如。伊尹身處隱逸之士，方且樂重華之道，甚自得也。其重身以訓王者何如。夫身為道之身，則其訓為伐夏之訓，而訓可傳。身為守義之身，則其訓為之訓可無于。觀商書之哉伊訓乎，所居祠嗣之時也，賴賢相之告

朝上不患于商衍而訓遂以伊訓着國事方新之日[illegible]思乎可[illegible]
尹曰以有九有有師爰載之止而伊訓丕[illegible]述也解[illegible][illegible]
以知伊尹之訓觀伊尹之訓可以知相湯之道伊而有訓無不[illegible][illegible]
之一震也至今猶可追思之曰伊訓訓而在伯無不震驚之一加也
迄今自可追述之曰伊訓湯能待伊尹以爲相伊尹固已顯遇于湯
而無待于訓之依伊尹相湯以相[illegible]又將着道于太甲而不得不
明爲訓之言夫處江湖之遠則不訓其君居廟廷之高則其訓于王
伊尹之訓伊尹之所以正己也夫

○自天申之　　唐之楨

申命用休。天之眷德無已也。夫君子何嘗有意于申哉、而詩若曰、此其自天者也、其眷德寧有已乎、且夫天者君子之父母也。（映○全○）子之孝無窮期。而父母之愛亦無終極。顧焉復焉。其一往而深者恒有（○音○意○古○不○易○詩○雅○勤○目○）加而無已。則甚矣父母之情多也。寧天之福君子而第曰保佑命（○聖○性○語○在○安○斟○更○切○）之已也。帝眷非可倖邀。每動無常之懼。夫天亦不必果無常也。但令萬祿方加。而微窺其中無復殷然有餘之意。（反張中字眼）則其眷易衰。敬修惟其可顯。常存不息之思。而天亦若與之不息也。試觀休嘉既集。而於穆之表。時有藹然莫解之情。與其修俱永。詩味之矣。曰自天

申之。一九事為人所不樂從則照明而約束之令之所以也申天福
君子豈其不樂從者哉非事之不樂而實其意之不忘愛有獨鍾
舍是而別無所關其處焉有不禁往復而款勉者矣一九事為人所
不易知則殷勤以開導之命之所以申也天福君子豈其不易知
者哉然非其事為難知而實其施猶未厭饜之既盛累累進而猶
若未滿其志焉有不啻咨嗟而詔誡者矣一天休滋至非君子所膺
心方且思其所以報方且慮其弗克堪過量之獲初不設是想矣
乃幸之不能者正辭之不得也則其權固有操之者也一天本不言
以民人為昭示草野進萬年之祝臣工〻有道之長丁寧之旨固

即此而在矣而諄諄于人民者正殷殷于帝心也其由來亦何可淺也有邰作室以後繼世更十六王得天者不一而足矣而勿論其前也即君子之一身而錫福凝休且方興而未艾郟鄏定鼎以還來卜歷且八百載得天者歷久愈長矣而勿論其後也即君子在今日而迪祥迪吉已日進而無疆此君子之得天實天之眷德也（只論本身不生歧解）讀詩者可以知其故矣

義解理諦當不減晦翁註詩集之蕃

實字爬梳義諦虛字煥發精神不事標新領異堂堂正正雅粹疏通後學所最宜奉為模楷者

自孔氏　朱朗

叙所自來者、伊、可、敬、也、蓋自孔氏而來、此豈猶夫人之所自來乎、抑亦聞之而起敬否、且自東魯有孔氏。其姓氏里居。聞者遍天下矣。惜當時石門一宿。子路弗獲與吾子偕耳。故其對晨門曰子之以所自詢也。子亦知予今者。適從孔氏來乎。蓋。孔。氏。以。作。君。之。德。而。作。師。屬。在。後。生。造。其。廬。者。不。一。其。足。且。孔。氏。以。行。道。之。心。而。傳。道。維。予。小。子。遊。其。門。者。亦。既。有。年。然則予敢忘所自哉。東西南北之區。足跡幾遍矣。予亦莫必所至之定屬何方。而至於所自。則固有定也。予。知。之。乎。聞。歌。在。武。城。鳴。琴。在。单。父。孰。非。自。孔。氏。來。乎。予。

亦非獨異也齊陳楚蔡之郊車轍何深也余從未嘗示之以不測之蹤詎至斯而不明相告也予聞之予遣齊者翩翩在道之莿者濟濟戴途又孰非自孔氏來者予固不嫌同也想其地杏壇儼然拱之者東山環之者泗水予實歌於斯味於斯優遊休息於斯也今日者故鄉杳矣而一燈夜話正堪追述緬其風宮墻數仞齗齗者御弟友朋之誼彬彬者禮樂文章之雅實予所寢食偕之起居共之晦明風雨不一離之者也今日者雲山閒矣而滯蹤遙合豈憚一言惜也子未嘗至其地耳設他日命駕宗邦登闕里之堂行與予有握手之樂焉當益信予言之不謬矣幸也予之初至此耳

倘。異。時。復。經。此。道。尋。今。夕。之。歡。諒。予。亦。釋。然。忘。懷。矣。曰。是。固。從。其。某。來。者。也。然則予能忘所自哉。敢不告情於子曰。自孔氏。

○舟車所至人力所通

張京元

即人之可至可通者、而聖化可想矣、夫聖化隨人而運者也、舟車人力、所極豈有窮哉、嘗謂聖人之化、不疾而至、故其至無涯、不感而通、故其通無限、中國蠻貊、施及廣矣、自此而外、其極之舟車之所至、人力之所通、吾知遐荒雖邈、不過際六合以爲封、六合以內、固六合之人、可得而涉歷者也、山川雖廣、總之合兩閒以爲圉、兩閒之地、固兩閒之人、可得而游行者也、人力、托舟車、而運舟車、乘人力而行、人力窮、而舟車至、舟車阻、而人力通、或當乎水陸交欄、人民輻輳、聲然而畢至、坦然而大通、且以爲所經之有限、不知

按論之荆揚扰是表貴秋士變表也

洪荒甫闢之初此亦其迹之廣野漸至漸通以成今日之鉅麗近而不為近也或有乎車舟絶迹人徑未開駕偶乘而遠至迹忽敵而遥通遂以為所窮之無際不知乾坤既定之後此亦其輻幅幀疆場可至可通以待人後之擴闢遠而不為遠也梯山航海無舟車處可創為舟車而人力時藉於舟車之中踰高絶深舍舟車處又送為舟車而人力且度於舟車之外舟車聖人之制也人亦聖人之人也至者至而通者通豈復有不至不通者耶

人所易矜奇博者偏自有清思遠致悠然塵壒之表編此於精詣所以諷亦閒填實一輩之未免粗才

行人子羽修飾之

劉必達

鄭所用以修詞者，即以其官用之也。夫行人之將命者久矣，討論之後，寄修飾于子羽，豈無謂哉？且國事惟期共濟耳，用其所聞與用其所見，事不同而功無異。爲此鄭之命，復以子羽爲之乎。子羽者，其官行人也。行人載命而出，載命而入，十二國之風土人情，畢現於車馬輪轅之下；十二國之猜嫌好尚，盡入于聽聞睹記之中。若之何不以修飾之權寄之也？當其修非務省耳，我爲今日之弱國，則其所不當言于大國者，鋤而去之，盖子羽曾以犧牲玉帛履人之庭，而知當世之諸侯皆多忌也。方其飾非務多耳，我爲王室之懿親。則言有不能藏其固陋者。改而張之。孟子羽。會以遊。都越國。見。人。之。行。而。知。今。日。之。人。情。皆。尚。文。也。修之。至于合禮者存避諱者去。使人求我以謟。而謟不可得。求我以慢。亦不可得。所謂不失己亦不失人。禮之經也。飾之至于意義可味。言語可觀。使人欲卑視我。而我不可卑。欲輕嘗我。而我不可輕。所謂見其長不見其短。小國之道也。山。川。草。木。昔。所。歷。之。境。界。盡。成。今。日。之。文。章。士。馬。芻。糧。昔。所。遇。之。情。形。俱。是。言。中。之。樞要。所以既當草創。樂得子羽之裁成。豈已精詳。必假行人之增損。雖然。飾之矣。而辭猶寡色也。或者馳驅于外。久疎簡畢之故乎。盍自借潤于東里。而子。羽復將

命以行矣

修飾則從行人中翻出于上二字既有情亦非增損陳言矣求新自開何嘗在題外耶　叱聽

左傳北宮文子云公孫揮能知四國之爲文將此句意貼切在行人上生發更能疏出修飾二字運化故事最妙若時手直寫左傳語開口便說盡矣。獨此句書官從此得間處處粘定行人做出修飾便與上下語頭迥別。修飾謂增損之也盖詞語恐未停當或有處太煩或有處太簡修是去其太煩飾是添其太簡使之煩簡得宜此人人所知若不粘行人二字發論恐說成辭命煩簡得宜套話耳

行人子羽修飾之

劉必達

鄭所用以修詞者、即以其官用之也（全文定于一破）。夫行人（之）將命者久矣、討論之後、寄修飾於子羽、豈無謂哉。且人臣於國事而皆以協和之心處之。則居官守土、坐照千里之外者（實）。固國家之所共需、即出疆聘問（主）身在諸侯之邦者、亦國家之所必賴。盖用其所聞與用其所見事（即擒行人起）不同、而功無異也。鄭之爲命、何復以子羽爲之哉（領起下四句）。子羽者其官行（出行人二字眼）人也（目）。行人載命而出、載命而入（將行人二字作波）、十二國之風土人情、畢見於車馬輪轅之下。十二國之精嫌好尚、悉入於聽聞覩記之中、而況乎以子羽之賢者爲之。必將有相勢相時、迥異乎常人之耳目、必將有

知微知著。明察乎天下之興衰。若之何不以修飾之權。寄之子羽
也。當其修。非務有爾吾爲今日之弱國。則其所不當言於大國者。
鋤而去之。蓋子羽曾以犧牲玉帛儐人之庭。而知當日之諸侯皆
多忌也。方其飾。非務華爾吾爲王室之懿親。則言有不能藏其固
陋者。改而張之。蓋子羽曾以過都越國。閱人之情。而知今日之流
風。皆尚文也。修之至于合禮者存。避諱者去。使人求我以諂而諂
不可得。求我以慢而慢亦不可得。所謂不失己亦不失人。禮之經
也。飾之而至于意義可思。言語可觀。使人欲畀觀我而我不可畀。
欲玩視我而我不可玩。所謂見其長不見其短。小國之道也。山川

草木昔所歷之境界盡成今日之文章士馬芻糧昔所遇之情形俱是言中之扼要所以既當草創樂得子羽之裁成業已精詳必假行人之增損雖然修飾矣辭猶寡色也或者馳驅于外久蹤簡畢之故予盍自借潤于東里而子羽復將命以行矣

修飾即從行人中翻出於上二字既有情亦非增損陳言矣求新得闢何常在題外耶　何光階

若止說成子羽修飾之行人二字不幾贅設耶高手認題不使題中另一閒字況行人是稗命寄官而可如此脫卸乎勘題先于行文予此作徵之

原評云左傳北宮文子云公孫揮能知四國之為文特契意貼切主行人上生發要能繇出脩飾二字運化故事最妙兼時野手直寫左傳向口饒讒者矣脩飾正面不用繳實只從行人二字放意濃之可悟人略家詳之法

行夏之時

何喬雲

監人統以授時邦政之首務也蓋時以作事者也得夏時焉而人統正矣聖人故不疑其所行哉且天生民而立之君將以布德和令者也則敬授人時其大端矣自後王拱受天物耳目從新于是乎有三統之異顧求其日月不過而四時不忒匪徒定曆數之宗亦以立政教之本者上下古今吾何能無折衷於其際也王者受命而興考文議禮尚待數十載之經營而海隅出日之隅朝請必先於正朔則合諸侯而制百縣者重者惟此治曆明時之文王者奉天迺治創物開先盡出大聖人之制作而文命誕敷之日時憲

特接乎中天則能綏績而撫五辰祗承者不改曆象璣衡之舊審
是則時之為用大矣行而宜也之舍夏其何從哉序有四而勾芒
之司令者獨先夏則首春以定時者也其體為元其象為震其德
為仁其行為木產萬物者聖而行慶施惠可以見百度之貞也紀
大德曰生而下降上騰于以觀一氣之合也夫一歲列十二辰而
作事莫重於謀始推而行之則生長收藏莫不有條而不紊所謂
齊其政不易其宜者孰亟乎此歟統有三而人事之鼓舞者獨神
夏則建寅以正者也其次娵訾其辰析木其正農祥其律太簇天
地之性人為貴而積微成著可以會三極之通也天地之交泰以

成而小往大來于以扶三陽之進也夫十日配十二子而出治必取乎嚮明措而行之則作訛成易莫不順布而有常所謂通其變使民不倦者孰要于此歟上古經綸草昧制曆者類皆天亶之姿然甲子作于大橈而推筴祗原于一日至即營室會于顓頊而曆元亦未必有成書孰若夏時之信而有徵也乎無論孟春木鐸之徇工諫師箴典則俱存王府即至有扈之威侮五行羲和之俶擾天紀數傳之後猶得援政典以肅不庭則凡慶賞刑威綱紀並垂于月吉而一王之大柄不移三代因革雖殊紀時者豈盡乖寒暑之序然元祀載於尚書歲終而行歸亳之典春王冠乎正月草野

亦深知罪之愛執而其時之鑒而不遠乎近考周官馮相之職致
日察辰掌歲必終時敘推之卯風之春日懿筐月令之青陽左介
千歲而下未嘗不參古制而酌時宜何如朝正聽朔教令一布於
始和而萬端之經緯以立蓋永世者事必師古對時育物原不徒
新天下之見聞而應天者必順人辰患時從遂以與百年之禮樂
由是而為邦數大政次第舉矣

于事欽若標新秀倩六藝表典奉安登揮秀通俱足蓋一切

汎愛衆

愛不擇人而施。教弟子以有容也。蓋有容者能愛。惟其為衆也。汎愛之固宜。嘗觀刻薄寡恩之士。動曰天資。而不知皆習氣也。蓋父兄之教不先。而子弟之心多忍。其初施于家庭。而後遂及于鄉國。則始基不可不端矣。教弟子者。豈但弟孝謹信已哉。事父事兄而下。其道漸及于使衆。可曰童子無知。不必有四海一家之量。禁狂禁詐。而外其道莫重於去殘。可曰少年未諳。無事講萬物一體之懷。則又在汎愛衆矣。衆有尊卑之不同。不然。伯叔固為吾宗。而臧獲亦為人子。此而不以愷惻之意將之。則異日制悍之習。即基于此。故尊卑不同而愛則無不同也。推之而

方長不折啟蟄不殺皆在此汎愛中矣象有親疏之不一然戚族固
屬一氣而里黨亦為同人此而不以之而藹吉之心維之則後此嚴
酷之端即伏于此故親疎不一而愛則無不一也極之而巢也勿毀
卵也勿破胥統此汎愛中矣或謂人有宜于愛者即有不堪愛者而
何可言可汎不知恩由義推成人者或庶幾焉而豈可槩于弟子故愛之所
破雖不無淺深之分者要不可拂衆從欲之志或謂愛有成于慈者亦有
成于忍者而何可言汎不知寬以猛濟成人者猶難幾焉而豈可槩于弟
子故愛之所及雖不無厚薄之異要不可有違衆自便之恩在今日
為長厚之小子在異日即愷悌之仁人教弟子者念之哉

講愛衆須切弟子身上恐開後日刻薄寡恩之漸是弟子所以宜汎愛之故開講講反起講下二小比承上文虛引起愛字中比定發汎愛以尊卑親疏分起股該括衆字尊卑不同愛無不同親疏不同愛無不同汎字意義極醒末二比用恩由義推寬以濟反駁汎字却收到弟子身上得所以宜汎愛者惟其為弟子之故題理極其精瑩而股法句法法字尤一毫不苟

汎愛衆

安無傾夫如是

來學院歲進
紹安第一　吳鳴岐

更爲國家計其安可因均和而並籌之矣夫至於安則不虞比均和矣無傾之患不可與無貧無寡而更審所如是哉且國家欲治平之與事之秋非籍上下一德以相維持焉能若是之可保無虞也哉抑知事權易至于凌替勢位每生其猜疑故思有以圖苞桑之固者不能不本於循分聯情也覺此中之籌畫周詳夫固可參觀而實按之矣吾於有國家者既思夫均與和如是者不幾無懸磬之悲乎無黃鳥之致歎乎遂可謂河山永固社稷長存者乎而未也更思其洲安安以言乎其無疑也君者出令臣者行君之令權固如是其有屬矣苟

同心協力則府庫得其充周蒼赤徵其繁庶庶蕩平可享不墜先王
先公之至意安以言乎其無慝也君罔以辨言亂政臣罔以寵利居
功分固如是其有定矣苟主治宣猷則入門無終宴之傷採風有黎
族之想庶太平有象不失胙土賜姓之良規安而無傾非由均與和
之所由致此乎獨是時至今日其孰能如是哉叔段于田慮難圖于
蔓草成師肇邑慨實盛于椒聊俄而圃杞生矣登臺禍矣坐使國疲
民散日就傾頽閭有循分爲安錢穀見其有餘者乎曰無有也問有
上下相協都邑見其稠密者乎曰不聞也而尚得謂教寧有日奚患
不至者乎此有國家者之所由貴于相安也苟能如是則上獲英明

下思忠悃安在天家之所積貯祖宗之所留貽不依然其如是也今即邱甲已作履畝已稅頹風猶可振拔曷不返躬自問而思切要之圖果其如是則上有手足之視下不忘腹心之恩安見遺物給人之用先王量地以居不安然其如是也今即陽關已出寶玉已竊世事尚堪挽回曷不寤寐自勵而思更張之美夫乃知無傾由於安亦猶無貧無寡之本於均和也夫如是而吾更思於遠人矣

妥協條暢周匝圓熟

如之何者　　吳復一

有昧于轉計者，聖人若為之重慮焉。夫事必待轉計而決也，而奈何終不曰如之何者，聖人能不重有慮乎。意謂天下善處事之人，當其初念而有不敢輕事之心；而不善處事之人，則當其轉念而究無重事之意。蓋度務者必以熟計而始明，而僨事幾者每以躁嘗而益妄爾。如人固有不曰如之何者矣，而或者曰：此非敢輕言事幾也。天下昧于始者，未必不明于其後，使果其明于後也，則失諸既往者，吾猶幸其得之將來也。抑非敢遽矜才識也。天下略于先者，未始不詳于繼，使果其詳于繼也，則敗于垂成者，吾猶幸其收之事後也。乃試進而觀之。而有終未嘗曰如之何者。事變猝乘。〔轉頂上句〕必合初終以為計。既不能計之于初。〔節奏存句〕即令計之于終。吾知其圖維〔反跌〕為已晚矣。然及此而圖維焉。猶未晚也。顧何以初視之而冒昧者〔轉正〕已然。究觀之而其冒昧者仍然也。夫人所恃以為善後之圖者。非〔闡宕〕此熟思而審處乎。乃胡為卒如是之貿然而往者。幾務方來。必統〔收合題面〕先後以為謀。既不能謀之于先。即使謀之于後。吾知其籌度為難〔看只用虛字斡折〕〔字字頂上文倉卒〕救矣。然後此而籌度焉。猶可救也。顧何以事方至而躁妄者已然。事既至而躁妄者復然也。夫人所賴以為維持之策者。非此精詳而審顧乎。而胡為仍如是之泛然以行者。意謂處事者。能疑不如〔放鬆〕

能信乎。然。貴信。于。既。加。詳。審。以。後。而。不。可。信。于。未。加。詳。審。以。前。乃此之不煩再決也。將曰。毋前此失策矣。尚何籌畫于後歟。而不知前。此得計矣。猶須籌于後也。何。其堅斷自雄。有如此也。意謂國圖幾者。能讓不如能任乎。然。貴任。于。既。經。謀。慮之時。而。不。可。任。于。未經。謀。慮。之日。乃此之不煩深計也。將。毋。曰向。者得。當矣。尚。何。決。策于。終。歟。而。不。知。向。者。幾。悞。矣。正。須。決。策。于。終。也。何。其。冥。頑。自。昧。有如。此。也。噫、變故當前。輙曰何思何慮。而揆度未精。動云有守有為。吾其如此人何哉。

原評云此篇能繡御題也繡御題難在安頓其義在上句題面白

兩字更字安接合如之何三字又忌黏連其文得該處立步之時上不如

之何都形其說其照承上句要正意之撇開上句要反面意篇用順用逆用開

用合無一筆不精之鍊不扶植爲初學濟涉文心

如以辭而已矣

辭有不可泥以之者恐失之矣夫詩固未嘗廢辭而以辭說詩則[illegible]

可如曰以辭孟子能不為之慮乎且吾蒙讀書稽古貴用其神明以相

通豈必于文辭之間而為之兢兢致求哉無如世之人徒求于章句

之末將得其辭不得其所以為辭之意其不至致嘆于論古無識者

發也如以意逆志遂足以得之此可見善說詩之不以辭耶夫辭何

為而作乎自大意之不能無所感也而辭以著自夫感之不能無所

托也而辭以彰自夫意之所感不能不發之于言以寫其心之所存

而辭之義以備自夫感之所托不能不形諸篇章以俟後人之推求

而辭之用以傳後之人由其辭以究其辭所從托則辭家固不亦其

大略

累辭繁亦何病其詳辭迫固不露其淺辭遠亦何處其深然則說詩者固不必不以辭而亦何容僅以辭哉乃世之說詩者則皆曰必以辭以為古人居百世之上類不能取百世以後者以相告語所流傳後世者辭而已矣不以辭而所遭之變何以白而所處之難何以明吾人處三代以下更不能取三代以前者而諳其悵惘所流連反覆者辭而已矣不以辭而何以見其為變之不堪何以窺其為離之寠甚者是者是皆未能知詩者也皆執辭以說詩未能就辭以會意者也夫美刺之文於辭倫之辭之所蓄固甚深也參伍而觀之則國風雖多婉柔之意而非以誨淫二雅雖有怨誹之音而非以激亂溯[illegible]寤寐興感之故皆有神明之悟焉倘未能窺厥懸衆而徒

刊注詁訓之迹以為學古有獲也吾懼其為辭累矣且懲勸之義於辭傳之辭之所藏又甚富也錯綜而溯之則志有所不容弛不必如清廟而後敬情有所不可解不必如杕杜而後誠鉄鉄乎舉昔人晦明風雨之情皆有融洽之解焉苟未能察及微怳而徒指其形容之說以為望古遙集也吾慮其為辭累矣甚矣說詩者不必不以辭而亦何容僅以辭哉如以辭則辭之所托者舉可不論而凡詩人有不能遠白之隱亦將曰辭而已乎如以辭則辭之所寓者盡不詩而凡詩人有不能告語之端亦且曰辭而已乎若此者非惟詩不得藉辭以明而反若因辭以晦其為害志可勝道哉即如雲漢一詩吾子不知何以解之

辭者一層以辭一層不以辭一層好以辭一層層層分曉題
之言層出是為善于傳處

□齋老訂□冊

選

辛巳年　月

如以辭而已矣　一句

泥詩之辭者不可以説詩者也甚矣詩人之辭不可以泥者也於以辭而已則又何可以説詩哉嘗謂天下凡事皆可以逆擬之而推詩之意不可以逆擬也何則以逆擬者以逆擬之而無不當不可以逆擬者而欲以逆擬之則古人之精意之傳幾何不沒于庸夫人之論也少矣於以意逆志是爲傳世之名是守人之説詩者所以甚其意豈可以其辭哉今夫人之觸類而旁通也則徐觀古人之所言有以知其本旨之所存更何必以逆徵文而相摹擬乎而人之拘滯而鮮通也則徒執古之詞章而終不得其本意之所在又何能不以徵文而相刺譏乎是乎説詩者之不可以詞也如以辭而已矣今作詩者之有辭也有深意焉而欲使人深知其意而何豈以辭者歟天下哉故爲詩乎之聽有清風肆好之情其爲怨誹之詞而温

次作

桑揚敦厚之致故學者一室閒修多咏之咏之何意也亦可知孔徒閒抱論說之意

矣吾之何竟同抱之也柳作詩者着以詩有本志存焉亦必使後人深思其隱

又何嘗匪以辭誨天下哉故勞匪思歸感時而能寫其辭難言者多其志匪以遠變

而曲以寫其詩不忍攸各者同室者業多賦之賦之何心也亦可知矣非徒於十年之文義

焉矣奈之何竟拘牽之也蓋不執詩以言詩則無心之感觸偶呈深不全一雅未維

裡錯於一二言之少必能使百世而上志象下合其情可會無他以其意逆乎志者

外着也焉執詩以言詩則古人之吐辭遂延發人之神智雖其身三百篇

之妙又不能會其處而逆神以相戰思處何也以其況乎詩云中之也豈可取焉

之詩而後可看　庵

詞旨條鬯後二比開闔亦見波瀾

詞不達意

黃先生評

如以辭而已矣　至　是周無遺民也

滯于辭者幾莫解于雲漢之詩矣甚矣辭之不可滯也如或滯之誦雲漢之詩民其真無遺于周矣可乎哉且吾人讀書窮理固期夫徹廢信亦貴于闕所疑誠不可苟焉而已也乃或者不求甚解輒欲以不解者解之作者有如其中懷之悒鬱更復何如矣今欲得作言者之志在以意逆之而徒以其辭焉可乎惟不以辭故可以見古人于簡編即得古人之性情也不然何以千百世之從如相贈答與然不以辭故可以令人之揣摩能通古人之精意也不然何以寸心中之恥直堪指額與噫辭之不可以滯也如是夫如以辭則必不能

西窓

以身處其地而窮其隱然以辭則不能以心論其世而知其人矣可
哉然則子既為予誦北山予姑為子引雲漢夫其詩不云乎周餘黎
民靡有孑遺今以子說詩昊天之不惠者必信以為昊天之不仁將
隆之盛本以悲季女者必信以為細縕之德何以忘大生也蓋北山
之詩可以為臣父之証則雲漢之詩亦可以為無遺民之徵也噫異矣
夫不滯于辭者必能窮乎辭之所由生推乎辭之所終極即南陔無
章白華無句莫不探其幽而觸其類也而況雲漢之詩明明為憂旱
之故致慨于黎民而豈真無遺民乎是詩原以開人之智而非以益
人之愚也已矣而苟滯于辭者必限乎辭之所固然昧乎辭之所以

然將關睢以下殷武以上無非困其心而塞其志也則雖雲漢之詩
歷歷為憂旱之故危懼乎孑遺而直以為無遺民矣是詩本以啓人之悟
而適以滋人之疑也已矣噫異矣子之說詩亦已過矣夫亦可以深
長思矣

如保赤子　遠矣

壬戌會試　金　甡　元

訓保民以慈之理有求以心而無間者焉夫民與赤子異而書之言保者如之然則誠求之心中者多矣慈固其一端耳從來撫制治之原者必深探其本而後可究極其微故神明之運一往而參知識之先斯性情之通毋變而無離合之迹古之人固常即家庭之天性為有國者切指之夫果曲為體焉亦可知無所處而不當者摠恃有此中之真意而已不出家而成教惟即孝弟慈以推之則夫立教之本可因以驗自然之合自有所以致之之寔矣吾試徵康誥之詞想其推懷保小民之德而深望其往盡夫乃心哉

從立本推本而意總起

運融警是

日重提題目

落脉清快

得引論語書　氣如生色　筆含神淨　熟卓鍊味　處神與辟

徒勉之以作新尤欲貽之以康乂而子愛百姓直以聯屬於一說者默感其惓怛之衷思父母孔邇之風而申誥以民情之可見迨必欲被之以怙冒乃爲迪之以吉康而子惠困窮時以慰藉之無斯者身迫於痌瘝之慮其曰保赤固明以愛子之事言之盖深望夫屬毛離裏自有莫解之恩也其曰如保則亦就愛子之意衡之而非祇以姑息姁嫗號爲衆人之母也顧至情之肫篤常見于瑣屑之閒而至性之感孚莫真於骨肉之際吾得推保赤之心而因識其所以求中之道矣今夫天下之心孰不以誠感而通者哉任叅伍錯綜之異致逆之以意而常不勝扞格之端然苟并心積慮

轉捩從容

緊湊

期以必得者求之自無不各當其理者彼固有一定之則但有以赴乎其則而理自不易其方則誠足以貫之也極情僞微曖之難測逐乎其變而愈不勝齟齬之形夫果息心微氣務以精研者求之自無不恙慊其情彼固有自安之分但有以遠乎其分而情已各得其平則誠足以淡之也以赤子任天而動幾不自知其何心而要其莫可名言者曾不越乎喜怒哀樂之正則本一誠爲感發而尋之者皆有其端以保赤者之隨境而還亦不能自必其中而要其和以天倪者常真積于出入顧復之餘則本一誠以推移而體之者已盡其量其求之而無不中者固可以決之意中也

不中而不遠者。終不慮失之意外也。心有以司其契而審端竟

有廣狹而無參差、誠有以致其精而同氣分形統遠近而志間屬、

明古人保赤之喻、而立教之本、夫豈有待于強爲哉、

是題貪發保民、使下文神吻隔絕、固爲失鮮、若入便趨保赤、則

如字意義落空、於家國相通消息、又成扞格、又非傳者釋書之

旨、此作體認独到、

如會同端章甫

高太宗師取周鼎本姓鄧
進閩縣一名

禮有及於尊君者可合而觀其所飾焉夫會同亦大禮所係也然其所飾則亦有端與章甫矣亦故並言之歟且亦嘗博觀載籍矣覺事親而外必及事君未有敬君之禮不與格祖之禮而並重也雖然對君亦有恪恭之思尊與親合將事均有隆儀之飾明與幽同則觀典禮之昭宣安得以躬居章布遂無清廟明堂之志也亦言志而及於宗廟之事斯豈不足表載弁之休覩絲衣之範哉然亦所以欲見知者不盡此也亦聞大禮所載升中之後必繼以朝會篇什所垂孝享之時必先以載見但今日者王人下聘矣菀柳帝蹈之歎時聞矣無

論服袞冕衣九章者固無肆覲之典即被鷩冕衣赤黻者亦無拜揚
之思則是委嘉禮於草莽也是置朝宗覲遇之制於罔聞也且徒使
天子擁空名於上以終也誰復有懷好音者慨然行會同之曠典哉
不惟不能行而已誰復有言及會同也哉然不可謂會同無關於礼
樂事矣會於北杏會於首止何嘗非會但非親覲乎天顏則不得以
會名之夫自黍離致咏以來時見王室嘆為絕業矣而一念及於會
則尊君奉上之心恍乎懼天威咫尺也殆與懍聞僾見同深慎凜之
挽上得法
情矣同盟於幽同盟於戲何嘗非同但非入朝於王居則不得以同
名之夫自下泉致咏以後衆瀕天家疑為盛軌矣而一言及於同則

正刑考禮之思凜乎祺聲靈赫濯也殆與祫禘烝嘗並著靈承之感
矣由是從曾孫以肆祀則有來雝雝彌篤孝享之慕紹辟王而助祭
則至止肅肅愈盡安侑之忱安在會同之禮非因宗廟而並舉者乎
雖然求章右享者禮樂之盛其名章首文身者禮樂之隆其飾赤觀
我周修車攻之鉅典建九廟之弘規雖有赤芾金舄以昭儀朱干玉
戚以象文斷不敢不以冠裳濟濟者表温文之望則端也章甫也非宗
廟會同者所必備哉從来衣服各有所宜使躬行典章者莫隆其辨
不特非以昭大典且是以不稱識也惟服九端之服吾見明堂景福
觀光於山龍藻火者此端也萬國来同濟美于黼黻垂裳者亦此端

也。覩斯端也。一若有恭敬之容溢於服色之表矣。從來冠冕各有所稱。使身親秩叙者莫辨其儀。不特無以明烈光。且是以不秉令也。推冠章甫之冠。吾見寢廟升歌。比休于毛毳冕皮弁者。此章甫也。羣侯燕享相耀於凝旒縝纊者。亦此章甫也。覩斯章甫也。一若有煇煌之美著於弁冕之餘矣。安在端與章甫僅足表在廟之容。而屬在會同者。即不可昭其度耶。赤也無能。惟願隨擯介之末已矣。若云君子。赤則何敢。

引經據典。秀骨高華。其腹笥充也。次藝穿插映帶。如無縫天衣

如会

周

選

如會同端章甫

高宗師取入閩縣一名　周鼎　本姓

禮有及於尊君者、可合而觀其所飾焉、夫會同亦大禮所係也、然其所飾、則亦有端與章甫矣、亦故並言之歟

且嘗博觀載籍矣、齊事親而外、必及事君、未有敬君之禮不與格祖之禮而並隆者也、雖然、對君亦有恪恭意

尊與親合、將事均有隆儀之飾、明與幽同、則觀典禮之昭宣安侑、以躬居帝布、遂無清廟明堂之志、此亦言志而

及於宗廟之事、斯豈不足表載弁之休、觀綠衣之範哉、然亦所以欲見知者不盡此也、亦聞大禮所載升中之後必繼

以朝會、篇什所垂、孝享之時、必先以載見、但今日者、王人下尸、菀柳帝蹈之歌、時聞矣、無論服袞冕衣九章者、固無

肆覲之典、即被鷩冕衣亦藏者、亦無拜揚之思、則是委嘉禮於草莽也、未嘗朝宗覲遇之制、於周闕也、且從從天

、、、者亦未必然也、誰復有言好者行會同之禮曲哉、不惟不能行而已、誰復有言及會同也哉、然不可謂會同無

闕於禮樂事矣、會於地者、會於首止、何嘗非會、但非親覲乎天顏、則不得以會名之、未有誰致以時見之

焉、一念及於會、則尊君奉上之心、恍乎惧天威咫尺之始、與流間儀同深慎凜之情矣、同盟於幽、同盟於戚、何以

同但非入朝於王者則不得以同名之本自十泉荻味以慄集端本麦彝而盛乾[illegible]而一言及於同則正刑考禮之思凜乎[illegible]
粟赫濯也殆與礿禘烝嘗並著昊承之感矣由是從曾孫以肆祀則有來雝雝彌篤孝享之慕紹辟王而助祭則
以命愈盡晏備之悦安在會同之禮非因宗廟而並舉者乎雖然章布亯者禮樂之盛其章甫文身者禮樂之隆其
飾赤舄我周修車攻之鉅典建九廟之弘規雖有赤芾金舄以昭[illegible]于王感以象文斷不敢以冕裳濟濟者表謚文之望則端
也章甫也非宗廟會同者所必備哉從來衣服各有所宜使[illegible]章者莫隆其辨不特非以昭大典且是以不稱訧也惟嚴者
端之服吾見明堂景福覩光於山龍藻火者此端也萬國來同濟濟矣黼黻垂裳者亦此端也觀斯端也一若有恭敬之容
溢於服色之表矣從來冠冕各有所稱使[illegible]者莫辨其[illegible]不特無以明烈光且是以不秉今也惟冠章甫之冠
吾見寢廟升歌此休于耗冕皮弁者此章甫也群侯燕享相揖於凝旒綪纓者亦此章甫也觀斯章甫也一若
有輝煌之美著於弁冕之餘矣安在端與章甫僅足衣在廟之容而屬在會同者即不可昭其度耶赤也無能誰
願隨擯介之末已矣若云邑邑赤則何敢

好人之所惡　一節　　戊辰會試　李忠簡　二名

如惡夫拂[illegible]而乃殆矣夫惟君與民共有此性矩之所以立也彼拂人之性以好惡召菑乎且天與人嘗交持其大順之机以責一人之利害而或反其机以相感則患氣中之蓋仁主之清期於奉天暴主之情樂於由己夫由己而不克當夫天討可言也以已而先自外於人乃其不可信矣今夫無作好而無作惡者仁人之所以綏猷而好所好而惡所惡者斯人之所以成性草野何敢預命討之柄而有其不容不預者命討之大原也彙群倫於陰騭即宇宙所恃以相維寧縱強相劫之天懷俛首而受辟王之法皇鑒非遥

彖禍極之徵而有時不容不爽者福極之恒軌也警念用於宸躬即
忞氣所還而相應寧能替明威之顯命敞格而寬從逆之條見賢者
慢不足言也奈何等而下之復有好人之所惡者乎見不善者過丕
可挽也奈何類而擢之復有惡人之所好者乎法必獨斷而人言亘
恆寔然無忌憚之存令亦由衷而而有懷蕩然無幾希之唬乎
是謂拂人之性也性可拂菑可逃哉且夫降祥而降戾者天人感應
之机也餘慶而 何合一之理也必待賞濫刑淫量書
以如於而則帝謂亦云遠所謂菑者先機而寓者也一念而奈
健順之常則念已乞陰陽之恵氏日之指乃功戮爾刑於後

耶若謂降眚六沴不過懸象以警其怠則敬德更何所畏所謂菑者
蓋屢屢加者也一一皆成莫辭乾坤之德則一節已足違心辭之和
而庶徵之一極甚而更何論焉然則愛其身以自恣而不知其
寔自敝也貴其身以自用而不知其先自戒也蓋既别一人於私人
以陰其私旋欲強衆人于一人以快其情端起於微渺而禍切于肌
膚自古不仁之禍莫烈于此平天下者所爲咏南山有臺節南山之
詩而驟然興皇然懼也

董子賢良策極言天人相應之理爲文甚瑢浸璣邪宋以後人
進縛不及其其氣味然也此其所以為之策中各会而氣味

不後收之

好人之所惡 一節　吳鴻

究好惡之私而至于反乎仁為用者也夫即不能以好惡同人何至轉拂人以為好惡彼不仁之身則已矣而人性固在也辟之（蒙上而入）害其至此乎（庫利煞前）今夫天理之極其端仍造于人情而人即自愛其情亦斷無自棄其情而因以大悖乎情之理苟為情之所不出即為理之所不居鑒微者幾于不惡言而君子正切于驗之（賢察）乃以究乎其極也一如命與過已異乎仁人之用好惡而猶不即謂之不仁何者以窃有人之性者存也若夫不仁之人直此哉天地之心之（此字探源）寄于論討者雖昏頑亦原非乏絶也直由謬戾者深而專已自封

不復于此外更多其參斷則或識迹已彰亦見而結堂廉之好或
嘉修登著聞轂而嚴錮絕之條揆厥用心滋不（蒙僻）鮮盛王有入議三
升之典愚賤之隱之寓于褒詆者在裏朝知愈難泯及也乃自橫
攄者久而違心以逞正狀于此中別用其機權則有盈封側目而
愛護（備）求主上之知群士陳書而昭雪益觸官廷之之亟其流弊
亦不解守主有礼賢黜罪之（直至分年後）文是非猶是人所好惡乎而反而用
之者何心也豈好惡之性至斯人而猶有異耶且夫從欵每慮參
差而用情必依順正因動人所好見為人所惡利而道焉（聯吾柔）懼未協
也而奈何矯之好不必皆人好惡不必皆人惡錯而出焉抑云違

也而矧又背之嗚呼是且拂人之性而已矣立意既左則刑賞遂際其私縱未嘗不格于輿論之公而顏變媿生其勢亢一激而莫轉此固王道之所以生其反側也剛愎既成則威福益張其欲亦偶然自動于群情之上而変本加厲其途尤百出而相勝此即陰陽之亦為開夫沴矣也夫至拂人性而尚忍言哉倒行逆施之不已所以乖乎天則者既深積怨深怒之難回所以中乎人心者尤疾造化之和釁于不得達人事之變極于不可知而皆自其身召之者也則必以其身承之者也菑之逮已立至而不仁者猶惘然于好惡之間獨不惜哉夫使不仁者審天人之界凜禍福之原則

崩雲招雨

刻骨

直達

危言篤論如讀劉更生封事

其于人性必不拂。既拂矣。而顛倒惑溺。動輒見尤。遠莫及于子孫。而其身適自取废人。誠不足惜也。將并不愛其身。而可歟。無他辟不慎。則道不絜。有必然者。極乎是。而詩書之所中儆。與君子之所以攬幾。胥可得言矣。

融會通章血脈發為儒調臨皋亭下　八十數步六紅其半是哉

眉雪水本房沈穪斎師

昔人稱柳子厚之文曰泛濫有渟滀夫水不波而風動山鼓走而雲連天地之大未有不從渟滀見者作者于此蜀為擅場